Jurisprudenz in Recht und Rechtstheorie

Gibt es eine Verpflichtung, das Gesetz zu befolgen?

Warum hat sich Sokrates in ein ungerechtes Todesurteil gefügt?

In Crito unterhält sich Platon mit seinem Freund Crito, der ihm anbietet, ihn aus dem College zu schmuggeln, weil Platon wegen einer ungerechten Verurteilung die Hinrichtung erwartet. Er argumentiert, dass er zur Ungerechtigkeit im Staat beiträgt, wenn er sich der Hinrichtung unterwirft. Sokrates will jedoch nicht fliehen, weil er argumentiert, dass das Gesetz von Athen als ein Ganzes existiert und man alle Gesetze brechen würde, wenn man gegen eines verstößt. Daher ist es unmoralisch, das Gesetz zu brechen, auch wenn es ein ungerechtes Gesetz ist. Der Staat kann nicht funktionieren, wenn sich die Menschen nicht an die Regeln halten, und deshalb hat niemand das Recht, sich nicht gesetzeskonform zu verhalten.

Wenn wir immer tun sollten, was die Moral verlangt, warum sollten wir dann etwas tun, nur weil das Gesetz es vorschreibt?

Wolff - 'Zur Verteidigung des Anarchismus'

Autorität kann gleichgesetzt werden mit dem Recht zu befehlen und dementsprechend mit dem Recht, gehorcht zu werden. Sie wird unabhängig von der Qualität oder Gerechtigkeit dessen, was befohlen wird, in Anspruch genommen. Die Autorität ist also vorhanden, weil jemand X ist (d.h. ein Staat). Kant argumentiert, dass legitime Autorität abgeleitet wird - das bedeutet, dass zum Beispiel im Falle von De-facto-Staaten die Menschen an ihre Autorität glauben, und solange sie das tun, besitzen die Staaten legitime Autorität.

Die Autonomie hingegen geht davon aus, dass alle Menschen für ihr Handeln verantwortlich sind. Kant fügt ihr die Dimension der Freiheit hinzu. Wolff argumentiert jedoch, dass Menschen ihre Autonomie nach Belieben aufgeben können - das bedeutet, dass sich jemand dafür entscheiden kann, sich nicht auf den Prozess des Nachdenkens (darüber, was richtig oder falsch ist) einzulassen, weil er seine Autonomie teilweise und nach Belieben aufgibt, indem er sich von einem anderen befehlen lässt - z. B. von einem Staat.

Es besteht also eindeutig ein Konflikt zwischen den beiden. Je mehr eine Person für ihre Entscheidungen verantwortlich ist, desto mehr folgt sie nicht den Entscheidungen des Staates. Aus diesem Grund wird oft behauptet, dass der Anarchismus die einzige konsequente politische Doktrin ist, die Autonomie beinhaltet. Das Gesetz zu befolgen, bedeutet nicht, es als legitim und maßgebend zu betrachten. Das Konzept des legitimen Staates ist leer, da das Konzept der individuellen Autonomie absolut ist.

Raz - Die Autorität des Gesetzes

Er erklärt, dass Autorität Unterwerfung erfordert, auch wenn dies gegen die Vernunft ist. Aber legitime Autorität hat nichts mit Moral und Rationalität zu tun.

Die Bedingungen für Autorität sind Rechtfertigungen, die der Autorität ihren Status verleihen. Die Rechtfertigung besteht darin, dass die Autorität die Fähigkeit hat, eine bestimmte Art von Handlungen auszuführen - er sagt also, dass die Autorität "durch eine Handlung" gerechtfertigt ist. Um eine wirksame Autorität zu haben, muss man eine legitime Autorität haben oder von anderen für eine legitime Autorität gehalten werden.

Er argumentiert, dass Wolff nicht korrekt ist. Autorität ist nicht das Recht zu befehlen und das Recht, gehorcht zu werden. Aber die Idee des Rechts ist nicht geeignet, sie zu erklären. Daher versucht er, sie mit Hilfe der "Vernunft" zu erklären - eine Autorität ist legitim, solange eine Person, die sich auf sie beruft, mit größerer Wahrscheinlichkeit die richtige Entscheidung trifft, als wenn sie eine Abwägung der Gründe vornimmt - das ist die normale Rechtfertigungsthese. Daher sind Regeln ausschließende Gründe - wenn z.B. die Ampel rot ist, müssen wir uns nicht auf die Abwägung der Gründe einlassen; unser Argumentationsprozess ist ausgeschlossen. Dickson-Vortrag - wörtlich: Die NJT soll helfen, die philosophisch-anarchistische Herausforderung von Wolff zu bewältigen: Erklären Sie, warum es manchmal, d.h. unter den von der NJT umrissenen Bedingungen, nicht gegen unsere Rationalität und/oder Autonomie verstößt, wenn wir die Autorität des Gesetzes über uns akzeptieren - das Gesetz ist ein Werkzeug, ein Instrument, das uns hilft, besser mit der richtigen Vernunft übereinzustimmen, also haben wir Gründe, ihm zu folgen, wenn es uns dabei helfen kann. Beispiel Computer und Tabellenkalkulation - ich gebe meine Rationalität oder Autonomie nicht auf, wenn ich ein Werkzeug benutze, das mir helfen kann, Dinge zu tun, die ich ohnehin tun sollte, und zwar besser, als wenn ich sie direkt tun würde.
Die wichtigste Rolle der Autorität liegt in der Fähigkeit, Koordinationsprobleme zu lösen - z.B. auf einer Straßenseite zu fahren, aber Penner bemerkt, dass Raz' Analyse auch für die Lösung von nicht eindeutig koordinierten Problemen funktioniert. Im Strafrecht zum Beispiel ist das Mordverbot nicht eindeutig ein solches Problem - aber durch die Schaffung eines rechtlichen Rahmens kann das Strafrechtssystem auf koordinierte Weise auf Verbrechen reagieren, so dass niemand herumläuft, um Menschen zu töten und seine eigene Gerechtigkeit zu suchen.

Sollten wir dem Gesetz gehorchen, weil es in der Lage ist, Koordinationsprobleme zu lösen? Gibt es eine allgemeine, präsumtive Verpflichtung, das Gesetz zu befolgen?
L Green, 'Legal Obligation and Authority' in der Stanford Encyclo of Philosophy: https://plato.stanford.edu/entries/legal-obligation/ Abschnitt 4:
Eine Theorie der politischen Verpflichtung ist nicht-voluntaristisch, wenn ihre Prinzipien, die die rechtliche Autorität rechtfertigen, sich nicht auf die Wahl oder den Willen der Subjekte berufen, um zu begründen, dass sie zum Gehorsam verpflichtet sind.
Nicht-voluntaristische Theorien

Finnis, 'Die Autorität des Rechts im Dilemma der zeitgenössischen Gesellschaftstheorie'

Finnis argumentiert, dass der Sinn einer jeden Theorie darin besteht, praktische Probleme zu lösen, die in menschlichen Gemeinschaften auftreten. Auf dieser Grundlage rechtfertigt er die moralische Autorität des Gesetzes.

Er stellt fest, dass beispielsweise Raz die moralische Autorität des Gesetzes bestreitet. Dennoch gibt er zwei wichtige Vorbehalte an, die seine Aussage abschwächen. So sagt er, dass das Gesetz zwar keine moralische Autorität hat, dass aber jeder einen moralischen Grund hat, an der Erfüllung gemeinsamer Ziele mitzuwirken, und dass das Gesetz zugegebenermaßen ein Instrument zur Erreichung dieser Ziele ist. Dennoch ergibt sich die moralische Autorität des Gesamtsystems aus der Zusammenarbeit und nicht aus der gesetzlichen Festlegung der Praxis. Auf der anderen Seite argumentiert Finnis, dass es moralisch richtige Dinge gibt, die durch andere Erwägungen aufgewogen werden können; wenn jedoch ein Gesetz etwas vorschreibt, entscheidet sich der Einzelne dafür, das Gesetz zu befolgen, weil er so viele Vorteile daraus zieht. Der Grund, warum es wichtig ist, dass diese Koordinierung aufgrund des Gesetzes erfolgt, ist im Gegensatz zu dem, was Raz behauptet, dass das Gesetz ein Netz von Vorteilen mit sich bringt, die es dem Einzelnen ermöglichen, sich nicht gleichgültig gegenüber den Anliegen und Interessen anderer Menschen zu verhalten. Ohne das Gesetz wäre es ihm gleichgültig.

In der normalen Spieltheorie trifft jeder Spieler seine Entscheidungen im Hinblick auf sein eigenes Interesse. In der realen Welt ziehen es die Spieler jedoch vor, im Interesse der Förderung des allgemeinen Interesses manchmal einen kleinen Nachteil in Kauf zu nehmen. Das Dilemma, das dadurch entsteht, dass jeder Spieler versucht, seinen Gewinn zu maximieren, obwohl er bei einer Zusammenarbeit ein besseres Ergebnis erzielt hätte, lässt sich also dadurch lösen, dass "die Sorge um die Maximierung der eigenen, im Voraus festgelegten Präferenz durch die Sorge um ein faires und wünschenswertes Ergebnis des Spiels ersetzt wird". Wie Rawls es ausdrückt, kann das Problem also durch "gegenseitiges Festhalten am Prinzip der Fairness" gelöst werden.

Als Lösung wird ein Modell des Koordinationsproblems vorgeschlagen. Es geht jedoch von der Annahme aus, dass es eine offensichtlich beste Lösung gibt, was im wirklichen Leben der praktischen Vernunft, wo es keine klare Rangfolge der Alternativen gibt, nicht zutrifft. Koordinierungsprobleme lassen sich als Situationen beschreiben, in denen eine Koordinierung erhebliche Vorteile mit sich bringen würde, die sonst nicht zu erreichen wären, und in denen ein ausreichendes Interesse an einer solchen Koordinierung besteht. Um dies zu koordinieren, braucht man entweder Einstimmigkeit oder Autorität. Ersteres wäre schwer zu erreichen, letzteres wird jedoch durch Rechtssysteme erreicht. Finnis argumentiert daher, dass die Rechtsstaatlichkeit den Rechtssystemen Autorität verleiht.

Der Grund, warum jeder ein Interesse daran hat, sich an das Gesetz zu halten, liegt also in der Aufrechterhaltung der Rechtsordnung, die wünschenswert ist, weil nur so Nutzen und Lasten in ein angemessenes Verhältnis gebracht werden können. Das Recht stellt sich als ein lückenloses Netz dar. Den Untertanen ist es nicht erlaubt, zwischen den Vorschriften und Bestimmungen des Gesetzes zu wählen. Es verknüpft

auf privilegierte Weise alle Personen und alle Vorgänge, die für die gegenwärtige und unmittelbare zukünftige Situation von Bedeutung sind.
Raz, "Die Pflicht zu gehorchen: Revision und Tradition".

Raz stimmt weder mit der moralischen Verpflichtung zum Gehorsam gegenüber dem Gesetz in einem gerechten Staat überein, noch mit Wolffs Behauptung, dass es selbst in gerechten Staaten keine Verpflichtung zum Gehorsam gegenüber dem Gesetz gibt.

Ein Staat ist nur dann relativ gerecht, wenn es eine moralische Verpflichtung gibt, das zu tun, wozu er gesetzlich verpflichtet. Die Pflicht, das Gesetz zu befolgen, ergibt sich also aus diesen anderen Pflichten. Eine moralische Gehorsamspflicht besteht also nur, wenn es unabhängige moralische Gehorsamspflichten für jedes der Gesetze im System gibt. Wenn das Gesetz jedoch keinen Einfluss auf unsere moralischen Pflichten hat, gibt es keine allgemeine Pflicht, es zu befolgen. Er verdeutlicht dies anhand von drei Beispielen:

So ist ein Bürger verpflichtet, dem Gesetz zu gehorchen, wenn die Autorität des Gesetzes gegeben ist - d.h. wenn das Gesetz es besser weiß und daher die "höhere Zuverlässigkeit" des Gesetzes akzeptiert wird - z.B. wenn die Regierung Sicherheitsvorschriften erlassen hat, die festlegen, welche Geräte verwendet werden dürfen und welche nicht. Dies ist jedoch nicht der Fall, wenn ich beispielsweise in einem abstürzenden Flugzeug sitze und über das Fachwissen verfüge, das die Besatzung nicht hat.

Er stimmt zu, dass das Beispiel der Koordinierung ein solches Szenario ist, aber es kann nicht verallgemeinert werden, weil es viele Gesetze gibt, die nicht in dieses Muster passen - z. B. Vergewaltigung. In diesen Fällen entsteht die Verpflichtung nicht aufgrund von Überlegenheit, sondern weil das Recht in der Lage ist, Ziele zu erreichen, die der Einzelne aus gutem Grund verfolgt, aber nicht individuell erreichen kann - z. B. das Verbot von Grillpartys, um die Landschaft zu erhalten.

Manchmal ist es richtig, dass es eine Verpflichtung gibt, das Gesetz zu befolgen, wenn ein einigermaßen gerechtes System sonst nicht funktionieren könnte - z. B. die Blockade der Straße zu einem Atomkraftwerk. Es gibt jedoch keine solche allgemeine Verpflichtung, denn wenn ich privat gegen das Gesetz verstoße, hat dies keine Auswirkungen auf das Gesetz insgesamt.

Diese Fälle verdeutlichen also, dass:
Das Ausmaß der Pflicht, das Gesetz in einem relativ gerechten Land zu befolgen, variiert von Person zu Person und von Fall zu Fall.
das Ausmaß der Verpflichtung von anderen Faktoren abhängt als davon, ob das Gesetz gerecht und vernünftig ist - z. B. von der Sachkenntnis des einzelnen Bürgers, dem Anlass für den Verstoß

Finnis entgegnet, er erkläre zwar, dass das Gesetz ein Mittel zur Koordinierung sei, zeige aber nicht, dass Koordinierung einen allgemeinen Gehorsam gegenüber dem Gesetz erfordere.

Finnis, 'Recht als Koordination'

geht auf die Kontroverse zwischen ihm und Raz über die Autorität des Gesetzes ein
Raz:
Akzeptiert, dass eine Hauptfunktion des Gesetzes darin besteht, die moralisch
wünschenswerte Koordination sicherzustellen
räumt ein, dass das Gesetz dazu beitragen kann, wünschenswerte Arten der
Koordination zu sichern
Er argumentiert jedoch, dass sich die moralisch relevanten Gründe für die Einhaltung
des Koordinationsschemas aus der Praxis der Koordinierung und nicht aus dem
Gesetz ergeben (die Praxis ist dieselbe, unabhängig davon, ob die Praxis aufgrund
rechtlicher Sanktionen existiert)
Finnis meint, Raz übersehe die Vielfalt der Ansichten über soziale "Probleme".
R. behauptet, dass z.B. ein Gesetz gegen Umweltverschmutzung einen ausreichenden
moralischen Grund dafür schafft, dass selbst diese Andersdenkenden sich daran
halten - was nicht unbedingt stimmt
Finnis fährt fort zu sagen, dass das Gesetz durch die Identifizierung von
Koordinationsproblemen hervorsticht, nicht durch die Vorzüge seiner Lösungen,
sondern dadurch, dass es die Merkmale aufweist, die für "das Gesetz"
charakteristisch sind
Recht = nahtloses Netz, indem es seinen Subjekten verbietet, sich etwas
auszusuchen; widerspricht Raz, der meinte, dass dies die Frage nach der moralischen
Autorität des Rechts beantworten soll und erklärt, dass aufgrund dieses Merkmals
alle Subjekte des Rechts durch ein Netz von Schutzmaßnahmen und anderen
Vorteilen miteinander verbunden sind

Die verfahrenstechnischen Merkmale des Rechts geben Anlass, es als maßgebend für die

Identifizierung und Lösung von Koordinationsproblemen zu betrachten ⇒ kann schnelle,

klare und subtile Lösungen für Koordinationsprobleme hervorbringen, Argument der

Rechtsstaatlichkeit - Fehlen von Willkür, strukturierter Prozess der Bestrafung - d.h. für die

Strafjustiz.

Dies sind die Gründe, warum die Existenz der Rechtsordnung ein gemeinsames
Interesse schafft, das jedem einen moralischen Grund gibt, an den
Koordinationslösungen des Gesetzes mitzuarbeiten = moralischer Grund, das Gesetz
als (moralisch) maßgebend zu betrachten
Gemeinsames Interesse = faire Methode, Nutzen und Lasten im Netz in Beziehung zu
setzen

Raz entgegnet, dass der Einzelne vielleicht "keinen Grund" hat, sich an die
gesetzlichen Bestimmungen zu halten, und dass diese Nichteinhaltung die
Wirksamkeit der Regierung und des Gesetzes nicht bedroht, weil einige Verstöße nie
bekannt werden oder eine Privatperson betreffen (gutes Argument)
Finnis entgegnet, dass der Sinn des Gesetzes nicht nur darin besteht, das Überleben
der Regierung zu sichern, sondern auch die tatsächliche (und nicht nur scheinbare)

Fairness zwischen den Mitgliedern der Gemeinschaft aufrechtzuerhalten - dieser Aspekt des Gesetzes wird durch die Aufdeckung oder Verheimlichung von Gesetzesverstößen nicht beeinträchtigt.

Er schlägt vor, dass ein Individuum angemessener für das Gemeinwohl handelt, nicht indem es versucht, die Bedürfnisse anderer abzuschätzen, sondern indem es Pflichten wahrnimmt, die mit den Pflichten anderer ihm gegenüber korrelieren - "denn das Gemeinwohl ist einfach das Wohl von Individuen, die zusammenleben und voneinander abhängig sind, und zwar in einer Weise, die das Wohlergehen eines jeden begünstigt".

Raz, "Autorität", Seiten 6-11

Antwort auf die anarchistische Herausforderung = Minimierung der Bedeutung von Autorität

Er ist der Ansicht, dass die Hauptargumente zur Unterstützung der politischen Autorität auf ihrer Expertise und ihrer Fähigkeit beruhen, soziale Koordination sicherzustellen

Bei Koordinationsproblemen - spieltheoretische Analyse - wird ein Kurs vorgegeben, den jeder aus gutem Grund befolgen sollte, aber der Grund ist nicht, der Autorität zu gehorchen

Die Autorität sagt lediglich, dass ein bestimmter Kurs der beste ist, dem man folgen sollte ⇒

die koordinative Funktion der Autorität wird erfüllt, ohne dass jemand einen Grund hat, ihr zu

gehorchen

In der Realität ist die Vorstellung, dass sich koordinative Praktiken automatisch herausbilden, nicht überzeugend, da die Notwendigkeit, die Koordination sicherzustellen, nicht dasselbe ist wie die Notwendigkeit, wiederkehrende spieltheoretische Koordinationsprobleme für mehrere Personen zu lösen

Die Idee ist, dass Koordinationsprobleme nicht ohne Autorität gelöst werden können, weil die Autorität in erster Linie praktische Überlegungen anstellt.

Finnis vertritt die Auffassung, dass wir uns die Einstellung zu eigen machen müssen, dass das Recht maßgebend ist, damit das Recht unsere Koordinationsprobleme tatsächlich effektiv und gerecht lösen kann. Das System wird nicht funktionieren, wenn wir die Dinge stückweise, einzeln betrachten und jede Situation für sich bewerten. Das Recht ist ein nahtloses Geflecht und nicht etwas, das wir uns aussuchen können. Stattdessen müssen wir akzeptieren, dass einige Situationen uns Vorteile und andere Nachteile bringen werden. Aber unterm Strich überwiegen die Vorteile des Rechtssystems die Nachteile.

nahtloses Netz - bedeutet nicht, dass es eine absolute Verpflichtung gibt, das Gesetz zu befolgen; für Finnis ist es nur eine Vermutung. Aber sie verliert ihre vermeintliche Verbindlichkeit dort, wo das Gesetz ungerecht ist, moralisch falsch oder nicht zum Wohle der Allgemeinheit, sondern aus tyrannischem Herrscher- oder Eigeninteresse erlassen wurde; oder wenn das Gesetz unverhältnismäßige Maßnahmen vorschreibt. Aber was sind die Folgen? Sie müssen die Auswirkungen berücksichtigen, selbst wenn das Gesetz ungerecht ist oder unter all diese Punkte fällt - es ist also eine Abwägungsprüfung: Wird mein Verstoß gegen dieses ungerechte Gesetz durch den Verstoß gegen die Rechtsstaatlichkeit aufgewogen?

Raz - sieht das Recht auch als eine Übung, die von einer Autorität ausgeht, die praktische Überlegungen anstellt. Großer Unterschied - stückweiser, nicht präsumtiver Ansatz; Fall-zu-Fall-Basis.

Voluntaristische Theorien - pENNER
1 - Zustimmung
Problem = Fehlen einer tatsächlichen Zustimmung. Antwort = fiktive Einwilligung (d. h. die tatsächliche Einwilligung ist unnötig, wenn die Einwilligung eine vernünftige Sache wäre), aber dies verzichtet auf die Einwilligung insgesamt, anstatt von ihr abhängig zu sein, denn wenn es nicht vernünftig wäre, einzuwilligen, dann kann die tatsächliche Einwilligung sie nicht rechtfertigen, und wenn sie vernünftig ist, ist die tatsächliche Einwilligung unnötig.
2 - Fairplay/Nutzen und Belastung
Zwischen Staat und Bürger
Zwischen den Bürgern (das Beharren auf den eigenen gesetzlichen Rechten setzt die Achtung der gesetzlichen Rechte anderer voraus)
Aber die Verpflichtung, die wir zu rechtfertigen versuchen, ist eine allgemeine moralische Verpflichtung, jedes Gesetz des Systems zu befolgen, nur weil es ein Gesetz des Systems ist - Fair Play ist eine eigene moralische Verpflichtung, und ihre Einhaltung rechtfertigt nicht die Befolgung jeder Regel, die Teil eines von einer Behörde festgelegten Gesetzeskorpus ist (in der Tat tragen einige Gesetze sogar zur Ungerechtigkeit bei: Steuerregelungen).
3 - Verstöße sind ein Beispiel für andere (Finnis)
Er ermutigt zu Ungehorsam, der dem Rechtssystem schadet und es weniger wirksam macht. Dies ist aussichtslos:
Bestimmte Fälle von Ungehorsam können die Menschen schockieren und zu mehr Gehorsam ermutigen.
Viele Ungehorsamshandlungen würden nie entdeckt werden.
D - Leugnung einer allgemeinen moralischen Verpflichtung
MBE Smith
Raz: Bestimmte Menschen, d.h. diejenigen, die ihre Gemeinschaften respektieren und ihnen mehr oder weniger stark verpflichtet sind, können als Ausdruck dieses Respekts eine allgemeine Verpflichtung zum Gehorsam gegenüber dem Gesetz haben, aber das begründet keine allgemeine Verpflichtung für alle (in Analogie zur Freundschaft, die bestimmte besondere, ausdrucksstarke Gründe für bestimmte Handlungen schafft)
Paradox: Wie kann ein guter Staat, der das Recht hat, zu herrschen, dieses Recht haben, wenn seine Untertanen nicht die allgemeine Pflicht haben, seine Weisungen zu befolgen?
Raz' Antwort: Unterscheidet
Gesetze, die sich mit Unrecht an sich befassen (moralisch falsch an sich) - hier hat man eine moralische Verpflichtung, das Unrecht nicht zu begehen (z.B. Mord, Diebstahl), egal ob das Gesetz dies sagt oder nicht. Wenn es aufsichtsrechtliche Gründe gibt, dann sind das zusätzliche Gründe, aber keine moralischen.
Gesetze, die sich mit Unrecht mala prohibita befassen (deren Unrechtmäßigkeit davon abhängt, dass sie zum Gegenstand einer Regelung gemacht wurden) - der letzte Fall dient Koordinationszwecken, und für Raz schafft nicht die Tatsache, dass es ein Gesetz gibt, die Verpflichtung, sondern die Tatsache, dass das Gesetz so funktioniert,

dass die Menschen ihr Verhalten tatsächlich koordinieren, die Verpflichtung (z. B. haben Sie die Verpflichtung, den Fluss nicht zu verschmutzen, wenn alle anderen es unterlassen, den Fluss zu verschmutzen, aber Sie würden es nicht tun, wenn andere den Fluss verschmutzen, unabhängig davon, ob ein Gesetz es Ihnen verbietet oder nicht). Es ist die Tatsache der sozialen Koordination selbst, die die moralischen Gründe liefert, sich ihr anzuschließen.

Hat das Gesetz eine legitime Autorität, weil es seinen Untertanen hilft, vernünftig zu handeln (z. B. durch den Schutz von Spezialwissen oder Fachkenntnissen)? Ist die legitime Autorität des Gesetzes auf einen bestimmten Bereich oder auf bestimmte Anlässe beschränkt?

Endicott, "Auslegung, Rechtsprechung und die Autorität des Rechts".

Raz ist der Ansicht, dass Autorität "die Fähigkeit einschließt, das Verhalten von Menschen zu lenken, und zwar unter Ausschluss von Erwägungen, die ansonsten gute Gründe für eine Handlung wären".

I - Autorität und Autonomie

Steht dies im Widerspruch zur Autonomie? Endicott argumentiert, dass dies nicht der Fall ist, dass Autorität der Autonomie dienen kann, weil autonomes Urteilsvermögen erforderlich ist, um die Zuständigkeit einer Autorität zu bestimmen und die ausschließende Reichweite ihrer Weisungen festzulegen.

Für Raz ist die Autorität des Gesetzes ein "geschützter Grund" - sie enthält einen Grund, so zu handeln, wie das Gesetz es vorschreibt, und einen "ausschließenden" Grund, nicht aus Gründen zu handeln, die dem Gesetz zuwiderlaufen. Es werden nicht einfach Gründe in die Waagschale geworfen.

Ist dies mit der Autonomie vereinbar? Man kann dies sowohl aufgrund der Zuständigkeit (die Fähigkeit des Gesetzes, Erwägungen auszuschließen, die ansonsten wirklich relevant wären) als auch aufgrund der Reichweite (eine bestimmte Richtlinie beeinträchtigt die Autonomie, indem sie relevante Erwägungen ausschließt) verneinen.
Aber beides muss nicht universell sein: Die Autorität verletzt die Autonomie nur dann, wenn wir die Allgemeinheit eines oder beider dieser Merkmale übertreiben.
Umfang: Raz stellt fest, dass "ausschließende Gründe in ihrem Umfang variieren können; sie können alle oder nur einige der Gründe ausschließen, die für bestimmte praktische Probleme gelten".
Z.B. "im Haus bleiben", aber das Haus fängt Feuer
Ist diese Anordnung nicht ein geschützter Grund, der die Gründe des Jungen für das Verlassen des Hauses ausschließt?
Nein - denn damit würde die Anweisung, im Haus zu bleiben, als Katastrophe und nicht als Mittel zur Erreichung des Zwecks, zu dem sie befugt ist, behandelt.
Umfang des Ausschlussgrundes = was der Gesetzgeber hätte ausschließen sollen; sie hat

keine ausgeschlossenen Erwägungen angegeben, also müssen Sie herausfinden, zu welchem Zweck sie ihre Autorität über Sie ausübte ⇒ es würde dem Zweck der Autorität

zuwiderlaufen, die Notfallerwägung als ausgeschlossenen Grund zu betrachten

Zuständigkeit: Wenn Ihre Mutter die Notfallerwägung ausdrücklich ausschließt ("Bleib im Haus, auch wenn es brennt"), dann hat sie außerhalb ihrer Zuständigkeit gehandelt, indem sie sich auf die Befugnis beruft, eine Erwägung auszuschließen. Aber welche Erwägungen kann sie dann autoritativ ausschließen? Dies ist eine Frage der Rechtfertigung von Autorität - Raz' "normale Rechtfertigungsthese" besagt, dass ein Kriterium für die Rechtfertigung darin besteht, dass das Subjekt sich "besser an Gründe halten kann, die ohnehin für es gelten", indem es die Weisungen der Autorität als Leitfaden verwendet. Es ist jedoch gefährlich, die Zuständigkeit von Autoritäten zu verallgemeinern (wir können nicht einmal sagen, dass eine Autorität Notfallüberlegungen ausschließen kann). Dennoch können wir sagen, dass eine Behörde die weitestgehende Zuständigkeit hat, für die die normale Rechtfertigungsthese erfüllt ist.
Was ist überhaupt eine Behörde?
Wenn man die Legitimität einer Autorität akzeptiert, ist man verpflichtet, ihr blind zu folgen, außer in dem Maße, in dem man für das Vorhandensein von nicht ausgeschlossenen Erwägungen und die Möglichkeit einer Überschreitung ihrer Autorität sensibel ist?
Die Akzeptanz einer Autorität muss gerechtfertigt sein, und das bedeutet normalerweise, dass die Bedingungen der Rechtfertigungsthese erfüllt sind (Raz)
Endicott sagt, dass es beides ist, und dass die Unterwerfung unter eine Autorität nach Raz nicht darauf hinauslaufen muss, dass man seine Autonomie aufgibt, weil man beurteilen muss:
ob die Quelle der Anweisung eine legitime Autorität hat
die Zuständigkeit der Behörde (und die Frage, ob die Richtlinie innerhalb dieser Zuständigkeit liegt)
den Geltungsbereich der Richtlinie (d. h. die Bandbreite der von der Richtlinie ausgeschlossenen Gründe)
die Bedeutung der nicht ausgeschlossenen Gründe (und wie ein Konflikt zwischen ihnen und der Richtlinie zu lösen ist)
ob ein Ausschlussgrund durch einen anderen Grund zweiter Ordnung aufgehoben wird.
Die bloße Unterwerfung unter das Gesetz bedeutet also keine Aufgabe der Autonomie - aber beansprucht das Gesetz eine mit der Autonomie unvereinbare Autorität?

II - Das Ausmaß des Geltungsanspruchs des Rechts

Raz ist der Ansicht, dass das Recht unbegrenzte Autorität beansprucht; Endicott argumentiert, dass das Recht zwar keine Grenzen seiner Autorität anerkennen darf, aber auch keine unbegrenzte Autorität beanspruchen muss: Es beansprucht eine unbestimmte Zuständigkeit, und seine Weisungen können eine unbestimmte ausschließende Reichweite haben.
Verletzt das Recht notwendigerweise die Autonomie? Was behauptet das Recht, wenn es Autorität beansprucht?
Alle Rechtssysteme bezwecken nicht nur, ein Verhalten zu fordern oder zu verbieten, sondern das Leben einer Gemeinschaft zu regeln - eine normative Ordnung

aufzuerlegen. Raz ist der Ansicht, dass der Anspruch des Gesetzes auf Autorität unbegrenzt ist; Endicott zufolge beansprucht das Gesetz jedoch lediglich eine unbestimmte Zuständigkeit, und gesetzliche Richtlinien haben oft eine unbestimmte ausschließende Kraft (wie deine Mutter). EIN BEISPIEL FÜR EINE RECHTSPRECHUNG FINDEN

III - Schlussfolgerung: Können Menschen autonom sein, wenn sie der Autorität des Gesetzes unterworfen sind? (Ja)

Endicott ist der Ansicht, dass Gesetze oft gegen die Autonomie verstoßen, aber nichts in der Natur des Gesetzes verletzt die Autonomie; seine künstliche, systematische Natur schafft ein Risiko, dass das Gesetz eines bestimmten Systems dies tut.

Raz, "Moral der Freiheit

Raz argumentiert, dass legitime Autorität nicht im Widerspruch zur persönlichen Autonomie steht.

Raz vertritt die Auffassung, dass Autorität legitim ist, wenn sie den Akteuren die notwendige Unterstützung bei ihren Bemühungen bietet, erfolgreiche praktische Vernunft zu entwickeln.

Die Unterstützung, die Autoritäten bieten können, hat jedoch eine besondere Form. Autoritäten geben den Akteuren nicht nur Ratschläge oder Warnungen, wie sie handeln sollen. Sie befehlen. Nach Raz unterwerfe ich mich einem Befehl nur, wenn ich ihn als Ersatz für mein eigenes Urteil darüber akzeptiere, wie ich handeln soll. Es reicht nicht aus, dass ich die Anweisung der Autorität zu meinem eigenen Urteil hinzufüge und dann eine endgültige Entscheidung treffe, die die Differenz irgendwie aufhebt. Um autoritativ zu sein, müssen die Anweisungen der Autorität meinem Urteilsvermögen vorgreifen. Genau dieser Vorrang ist es, der die Autorität für jemanden, der der persönlichen Autonomie verpflichtet ist, rätselhaft macht.

Wie kann sie also legitim sein? Raz stellt zwei Bedingungen auf. X hat nur dann legitime Autorität über mich, wenn
(1) die Befehle von X eine Abwägung derselben Gründe widerspiegeln, die bereits für die Entscheidungen gelten, die ich in dem betreffenden Kontext treffen muss, und
(2) wenn ich zulasse, dass meine Handlungen durch die Befehle von X und nicht durch meine eigenen Urteile bestimmt werden, werde ich mich besser an diese Gründe halten als sonst (Raz nennt diese zweite Bedingung die "Normale Rechtfertigungsthese").

Sollte man ungerechten Gesetzen gehorchen?

Finnis, "Naturrecht und natürliche Rechte", 354-62
Wenn die Autorität anders als zum Wohle der Allgemeinheit eingesetzt wird, fehlt diesen Bestimmungen die Autorität.
Dies gilt unabhängig davon, ob sie "rechtsgültig" und "rechtlich verbindlich" in dem eingeschränkten Sinne sind, dass sie (i) aus einer rechtlich autorisierten Quelle

stammen, (ii) tatsächlich von Gerichten und/oder anderen Amtsträgern durchgesetzt
werden und/oder (iii) gemeinhin als Gesetz wie andere Gesetze bezeichnet werden.
Vorbehalte
bedeutet nicht, dass es automatisch der moralischen Autorität beraubt ist
es muss geprüft werden, ob JR verfügbar ist
es sollte nicht der Schluss gezogen werden, dass die Verteilungsungerechtigkeit
eines Gesetzes diejenigen von seiner moralischen Verpflichtung befreit, die durch das
Gesetz nicht ungerecht belastet werden
Es gibt jedoch eine "außergesetzliche" moralische Verpflichtung
Wenn ich zum Beispiel von meinen Mitbürgern gesehen werde, dass ich dieses
"Gesetz" missachte, wird wahrscheinlich die Wirksamkeit anderer Gesetze und/oder
der allgemeine Respekt der Bürger vor der Autorität eines allgemein
wünschenswerten Herrschers oder einer Verfassung geschwächt, was wahrscheinlich
negative Folgen für das Gemeinwohl hat.
Diese kollaterale Tatsache schafft eine moralische Verpflichtung. Diese Verpflichtung
sollte nicht als ein Fall dessen behandelt werden, was ich "rechtliche Verpflichtung im
moralischen Sinne" genannt habe. Sie verlangt also nicht die Befolgung ungerechter
Gesetze entsprechend ihrem Tenor oder ihrer "gesetzgeberischen Absicht", sondern
nur ein solches Maß an Befolgung, das notwendig ist, um zu vermeiden, dass "das
Gesetz" (als Ganzes) "in Misskredit" gebracht wird.
Dieser Grad der Befolgung wird je nach Zeit, Ort und Umständen variieren.
Die Herrschenden haben immer noch die Verantwortung, ihr ungerechtes Gesetz
aufzuheben, anstatt es durchzusetzen, und haben in diesem Sinne kein Recht darauf,
dass es befolgt wird.

Beansprucht das Gesetz Autorität? Schulden wir dem Gesetz unsere Treue?
Raz, "Die Autorität des Gesetzes", S. 28-33; Kapitel 12-13
Kapitel 12: Die Pflicht zum Gehorsam gegenüber dem Gesetz
Keine allgemeine Verpflichtung
Viele Gründe, das zu tun, was das Gesetz verlangt, haben nichts mit der Pflicht zu tun,
dem Gesetz zu gehorchen, z. B. der Wille oder die Interessen oder (moralischen)
Rechte anderer
Ich habe an anderer Stelle argumentiert, dass eine Handlung nur dann verpflichtend
ist, wenn sie durch einen geschützten Grund erforderlich ist, der sich nicht nur aus
der Tatsache ergibt, dass die Befolgung der Handlung die Verwirklichung der Ziele
des Handelnden erleichtert
Ein Grund zum Gehorsam unter allen Umständen, der nur durch rechtlich anerkannte,
von der Verfolgung oder Verurteilung befreiende Erwägungen unterlaufen wird
Es gibt keine allgemeine Verpflichtung, auch nicht mit dem Argument, dass die
Nichtbefolgung des Gesetzes das Gesetz im Allgemeinen schwächt
Nicht anwendbar auf viele Fälle möglicher Straftaten, z. B. Straftaten, deren Begehung
nie entdeckt werden wird
Die gewöhnliche Unterwerfung des Normalbürgers unter das Gesetz stellt keine
allgemeine Verpflichtung dar.
Versprechen und andere freiwillige Verpflichtungen entstehen durch den
ausdrücklichen Willen, gebunden zu sein.

Das gewöhnliche Leben des normalen Bürgers enthält nichts, was einem Versprechen oder einer freiwilligen Verpflichtung gleichkäme.

Wenn es sich bei den Aspekten des Rechts, die es moralisch wertvoll machen, um durchdringende, systemische Merkmale handelt, z. B. dass das Recht ein Mittel ist, die öffentliche Ordnung zu sichern, indem es das gesellschaftliche Handeln einem Rahmen offen feststellbarer Regeln unterwirft, dann wirkt es sich auf die Gründe des Einzelnen nur insoweit aus, als sein Handeln dazu neigt, das Recht zu untergraben.

Kapitel 13: Achtung vor dem Recht

Respekt vor dem Gesetz ist?

Kognitiver Respekt: Einsicht in den moralischen Wert des Rechts

Praktischer Respekt: das zu tun, was das Gesetz verlangt, weil es so verlangt wird

Diejenigen, die das Gesetz respektieren, haben einen Grund, es zu befolgen, ja sie sind sogar dazu verpflichtet.

Ihre Haltung des Respekts ist ihr Grund - die Quelle ihrer Verpflichtung.

Freundschaft als Analogie - oder Beziehungen als solche:

Ich werde ihr helfen, weil sie meine Freundin ist.

Sein Wunsch zu helfen ist sein Grund

Der Handelnde kann glauben, dass sein Freund von ihm Hilfe erwartet oder sich sogar darauf verlässt, dass er es tut.

Teil des Konzepts der Freundschaft ist die Tatsache, dass die passende Handlung von einem Freund verlangt wird, unabhängig davon, ob er sie ausführen möchte oder nicht (und unabhängig davon, ob die andere Person von der ausgeführten Handlung weiß)

Respekt ist selbst ein Grund zum Handeln

Diejenigen, die das Gesetz respektieren, haben Gründe, die andere nicht haben. Es sind expressive Gründe. Sie bringen ihren Respekt vor dem Gesetz dadurch zum Ausdruck, dass sie es befolgen, dass sie die damit verbundenen Institutionen und Symbole respektieren und dass sie es vermeiden, es bei jeder Gelegenheit in Frage zu stellen.

Sollen wir dem Gesetz gehorchen, weil wir ihm zugestimmt haben, weil es demokratisch legitimiert ist oder weil es uns Vorteile bringt, in einer rechtlich geordneten Gesellschaft zu leben?

S. Hershowitz, 'Legitimität, Demokratie und Razianische Autorität'

Abschnitt 1: Begründungen

Praktisches Denken - wir handeln, wenn wir entscheiden, was wir tun sollen

Raz unterscheidet zwischen Gründen erster Ordnung und Gründen zweiter Ordnung

F-O: Gründe für eine Handlung oder Gründe für die Unterlassung einer Handlung

S-O: Gründe, aus Gründen zu handeln oder aus Gründen von Handlungen abzusehen

d.h. eine Person handelt aus einem Grund, wenn der Grund Teil ihrer Motivation für das Handeln ist

Wenn ich z. B. einen Regenschirm mitnehme, weil es regnet, dann handle ich zum Teil aus dem Grund, dass es regnet

Gründe, nicht aus Gründen zu handeln - von Raz = ausschließende Gründe genannt = Gründe, aus einem bestimmten Grund oder einer Reihe von Gründen nicht zu handeln, aber NICHT Gründe, aus irgendeinem Grund nicht zu handeln

er unterscheidet eine andere Art von Gründen - "inhaltsunabhängige" Gründe:

= Tatsachen, die ihren Status als Grund aufgrund anderer Merkmale als ihres Inhalts erhalten

Z.B. die Mutter, die sagt 'weil ich es gesagt habe'.

Abschnitt 2: Razianische Autorität

Autorität - eng verbunden mit Macht und Einfluss

Raz unterscheidet zwischen Befehlen und Bitten, um Autorität zu erklären

Aufforderung ⇒ man gibt dem Adressaten einen Grund zum Handeln, den er vorher nicht hatte

Aber die Person, die die Bitte äußert, erkennt an, dass es kein ausschließender Grund ist, aus anderen Gründen nicht zu handeln

Wenn jemand um etwas bittet, erwartet er, dass seine Bitte zusammen mit anderen Gründen, die die andere Person für ihr Handeln hat, berücksichtigt wird

Die Anordnung ⇒ soll andere Gründe als Handlungsgrundlage ausschließen

Wenn jemand etwas anordnet, gibt es also einen Grund erster Ordnung und einen ausschließenden Grund (nicht aus Gründen zu handeln, die B zuvor hatte)

Raz nennt diese Art von Gründen - geschützte Gründe - und sagt, dass Autorität über andere die Macht ist, ihre geschützten Gründe zu ändern

Vorkaufsthese:

Die Tatsache, dass eine Autorität die Durchführung einer Handlung verlangt, ist ein Grund für deren Durchführung, der bei der Beurteilung, was zu tun ist, nicht zu allen anderen relevanten Gründen hinzukommt, sondern einige von ihnen ausschließen und an ihre Stelle treten sollte.

Dies gilt jedoch nur für legitime Autoritäten - Weisungen von Autoritäten, denen es an Legitimität mangelt, können keine Gründe schaffen

Abschnitt 3: Razianische Legitimität

Nachdem wir nun die Struktur der Autorität in Raz' Wahrnehmung kennen, was macht eine Autorität legitim?

Raz: Legitimität = beinhaltet eine Verpflichtung zum Gehorsam

Nach R. kann eine Autorität auf viele Arten legitimiert oder gerechtfertigt werden, aber die normalste ist die These der normalen Rechtfertigung:

Der normale Weg, um zu beweisen, dass eine Person Autorität über eine andere Person hat, besteht darin, zu zeigen, dass das vermeintliche Subjekt die Gründe, die für es gelten (andere als die vermeintlich autoritative Direktive), wahrscheinlich besser befolgt, wenn es die Direktiven der vermeintlichen Autorität als autoritativ bindend akzeptiert und versucht, sie zu befolgen, als wenn es versucht, die Gründe zu befolgen, die für es direkt gelten.

⇒ Der Gedanke ist, dass die Autorität legitim ist, wenn wir besser abschneiden, wenn wir einer Autorität folgen, als wenn wir selbst herausfinden, was zu tun ist.

Die Rechtfertigung einer Autorität ist persönlich ⇒ eine angebliche Autorität kann für eine Person gerechtfertigt sein und für eine andere nicht

Der übliche Weg für eine Behörde, die normale Rechtfertigungsthese zu erfüllen, besteht darin, dass sie ihren Untergebenen fachlich überlegen ist

Eine andere Möglichkeit ist die Bereitstellung und Durchsetzung einer Lösung für ein Koordinationsproblem.

Eine weitere These, die Raz in seiner Darstellung der Autorität aufstellt - die Abhängigkeitsthese:

Alle autoritativen Richtlinien sollten sich auf Gründe stützen, die bereits unabhängig für die Adressaten der Richtlinien gelten und für ihr Handeln unter den von der Richtlinie erfassten Umständen relevant sind.

Er nennt also Gründe, die bereits für die Subjekte gelten, abhängige Gründe

Nach Raz' Analyse besteht die Aufgabe einer Behörde darin, einem Subjekt dabei zu helfen, sich besser an die für es geltenden Gründe zu halten, was es erforderlich macht, Entscheidungen auf abhängige Gründe zu stützen

Dienstkonzeption der Autorität - bestehend aus normaler Rechtfertigungsthese, Präemptionsthese, Dependenzthese

Nach dieser Konzeption dienen legitime Autoritäten ihren Subjekten, indem sie zwischen ihnen und den für sie geltenden Gründen vermitteln

Abschnitt 4: Legitimität neu überdenken

Argumentiert, dass Raz' Dienstkonzept der Autorität unzureichend ist, um wichtige Merkmale des Rechts in demokratischen Gesellschaften zu verstehen

Recht in Demokratien = Mechanismus, den Menschen nutzen, um kollektive Entscheidungen über ihre Regierung zu treffen, und diese Entscheidungen sind (idealerweise) das Ergebnis partizipatorischer Verfahren

Die Fragen, die sich Raz stellt, und die Vorstellung, dass das Gesetz uns sagt, was wir zu tun haben, setzen eine Trennung zwischen Herrschern und Untertanen voraus, die viele in einer geeigneten Demokratie bestreiten

Die Idee hinter der Demokratie = wir binden uns selbst durch Rechtsakte

Das Gesetz ist also die Art und Weise, wie wir entscheiden, was wir tun oder nicht tun dürfen (und nicht nur sagen, wie Raz meint)

S gibt dem Ganzen also eine viel mehr auf Zustimmung basierende vertragliche Dimension

Dennoch ist es schwierig, die Bedingungen der Legitimität von Demokratien zu spezifizieren

Eine der wichtigsten ist, dass Konsens keine realistische Methode der Entscheidungsfindung

in modernen politischen Gemeinschaften ist ⇒ bei jeder Entscheidung, die brauchbar ist,

werden einige verlieren - daher nun die Frage: haben sich die Verlierer verpflichtet? Reicht

ihre Verpflichtung so weit wie die der Gewinner?

Abschnitt 5: Spielarten der Legitimität (bezweifelt, dass die normale Rechtfertigungsthese ein adäquater Legitimitätstest für demokratische Gemeinschaften ist)

Legitimitätstheorie = substanziell, wenn sie Legitimität auf der Grundlage der Richtlinien zu

Autoritätsfragen verleiht ⇒ normale Rechtfertigungstheorie = substanzielle

Legitimitätstheorie

Beurteilt, ob ein Individuum besser mit den Gründen übereinstimmt, die es vorher hatte, wenn es den Weisungen der Autorität folgt, als wenn es seinen eigenen Überlegungen in dieser Angelegenheit folgt

Es kann auch verfahrenstechnische Theorien der Legitimität geben ⇒ Bewertung der Art und Weise, wie die von einer Behörde erlassenen Richtlinien zustande kommen - z. B. Beurteilung, ob der Prozess fair, deliberativ oder öffentlich war

Oder hybride Theorie ⇒ beurteilt teilweise den Inhalt einer Richtlinie und teilweise das Verfahren

Prozedurale Theorien ⇒ wichtige Rolle bei den Überlegungen zur Legitimität demokratischer Regierungen

Wir interessieren uns dafür, wie Regierungen zu ihren Entscheidungen kommen ⇒ Gründe für die Bevorzugung demokratischer Entscheidungsverfahren

Abschnitt 6: Die Werte der Demokratie

Wert der demokratischen Verfahren:

Instrumentelle ⇒ Demokratie dient dem Ziel, die Substanz unserer Entscheidungen zu verbessern (wir bringen unsere Ideen ein und eine Debatte ermöglicht es uns, zu besseren Schlussfolgerungen zu gelangen)

Andere Gründe, sich auf Verfahren zu konzentrieren, die nicht als Stellvertreter für die Beurteilung der Substanz gelten - z.B. der Wert, den wir auf Autonomie legen: Wenn man den Menschen die Möglichkeit verweigert, sich am Regierungsprozess zu beteiligen, verschließt man ihnen die Möglichkeit, ihr Leben autonom zu gestalten

Z.B. Verfahren ⇒ angemessene Achtung der Würde des Menschen als rationalem Akteur

z.B. Gerechtigkeit
+ weitere konsequentialistische Gründe zur Unterstützung demokratischer Entscheidungsfindung: positive Beiträge zu Charakter und Psyche, Gestaltung des Lebens der Bürger
Sowohl H als auch R sind der Meinung, dass die Zustimmung im Allgemeinen nicht ausreicht, um eine illegitime politische Autorität zu legitimieren

Abschnitt 7: Legitimität und Demokratie

Wenn die Regierung verfahrensmäßig illegitim ist, zählt es wenig, dass sie inhaltlich gute Entscheidungen trifft (die die normale Rechtfertigungsthese für maßgebend halten würde)

⇒ eine Art und Weise, in der die normale Rechtfertigungsthese als Theorie der Legitimität politischer Autoritäten unvollständig ist - Regierungen, die sie erfüllen, können aus verfahrenstechnischen Gründen scheitern

Waldron schlägt vor, dass demokratisch erlassene Gesetze Respekt verdienen, auch wenn sie den normalen Rechtfertigungstest nicht bestehen ⇒ Legitimität allein aus verfahrenstechnischen Gründen

Respekt = "ist zum Teil eine Anerkennung der Notwendigkeit einer gemeinsamen Lösung und Respekt für die Bedingungen der Fairness, unter denen eine gemeinsame

Lösung unter denjenigen erreicht wurde, die sich nicht einig waren, wie sie aussehen sollte

Auch H glaubt, dass es wichtiger sein kann, gemeinsam Entscheidungen zu treffen, als sie richtig zu treffen.

Wenn also die Werte der Demokratie das gemeinsame Treffen von Entscheidungen

unterstützen, selbst auf Kosten von Fehlentscheidungen ⇒ wichtigster Test =

verfahrenstechnisch (oder vielleicht zumindest hybrid)

Ich weiß nicht, ob das der Fall ist, aber es gibt auf jeden Fall eine verfahrenstechnische Dimension.

Die Verpflichtung, sich an die Ergebnisse eines fairen demokratischen Verfahrens zu halten,

kann jedoch nur so weit gehen ⇒ ein faires Verfahren, das ständig katastrophale Ergebnisse

hervorbringt, kann die Autonomie untergraben

Die Idee ist also, dass für H die Hauptquelle der Legitimität der Demokratie aus dem Verfahren kommt, für Raz aus dem Inhalt

8: ein zurückgewiesener Einwand

Einige sagen, dass die normale Rechtfertigungsthese flexibel genug ist, um die angesprochenen verfahrenstechnischen Bedenken zu berücksichtigen, aber Raz sieht das nicht so - er schlägt vor, dass die Notwendigkeit, dass bestimmte lebensbestimmende Entscheidungen von den Individuen autonom getroffen werden müssen (wie die Wahl der Karriere oder der Freunde), eine Ausnahme von der normalen Rechtfertigungsthese darstellt

John Rawls, Eine Theorie der Gerechtigkeit, Abschnitte 55-59

S 53 - Die Pflicht, ein ungerechtes Gesetz zu befolgen

Es ist leicht zu sagen, warum wir Gesetze in gerechten Systemen befolgen sollten - die Grundsätze der natürlichen Pflicht und der Fairness begründen unsere Aufgaben und Pflichten

aber was passiert, wenn es ein ungerechtes Gesetz gibt?

argumentiert, dass wir, wenn die Grundstruktur der Gesellschaft gerecht ist, ungerechte Gesetze befolgen sollten, sofern sie bestimmte Grenzen der Ungerechtigkeit nicht überschreiten

Ungerechtigkeit kann dort auftreten, wo Gesetze und politische Maßnahmen von öffentlich anerkannten Gerechtigkeitsstandards abweichen.

In diesem Fall können wir an das Gerechtigkeitsempfinden der Gesellschaft appellieren ⇒

dies geschieht durch zivilen Ungehorsam

Ungerechtigkeit kann jedoch auch auftreten, ohne dass die vorherrschende Vorstellung von Gerechtigkeit verletzt wird

Wenn z. B. eine Gesellschaft durch Prinzipien reguliert wird, die enge Klasseninteressen begünstigen, kann man keine andere Wahl haben, als sich der vorherrschenden Auffassung und den durch sie gerechtfertigten Institutionen auf eine Weise zu widersetzen, die einen gewissen Erfolg verspricht

Warum sollten wir uns fügen?

weil es in einer gerechten Verfassung zwangsläufig Fehler gibt - aber unsere Pflicht, gerechte Institutionen aufrechtzuerhalten, verpflichtet uns dazu, ihre ungerechten Gesetze zu befolgen

Die Mehrheitsregel ist unvollkommen; da wir aber verpflichtet sind, eine gerechte Verfassung zu unterstützen, müssen wir die Mehrheitsregel akzeptieren.

Wie kann man uns vorwerfen, dass wir uns darauf eingelassen haben?

Die kurze Antwort lautet, dass wir ein Verfahren akzeptieren müssen - keines ist perfekt.

die Mehrheitsregel zwingt die Parteien dazu, das Risiko von Mängeln aufgrund des Rechtsempfindens anderer zu akzeptieren, allerdings mit den Vorteilen eines wirksamen Verfahrens

jedoch mit Grenzen - "wir unterwerfen unser Verhalten der demokratischen Autorität nur in dem Maße, wie es notwendig ist, um die unvermeidlichen Unvollkommenheiten eines Verfassungssystems gerecht zu teilen

S 54 - Der Status der Mehrheitsregel

die Tatsache, dass eine Mehrheit zustimmt, bedeutet nicht, dass die Regel gerecht ist

eine Mehrheitsregel muss jedoch, um gerecht zu sein, die Grundsätze der Gerechtigkeit respektieren und auch die Interessen von Minderheiten berücksichtigen können

S 55 - Die Definition des CD

CD-Theorie nur für eine "fast gerechte Gesellschaft" = größtenteils gut geordnet, aber dennoch gibt es einige schwerwiegende Verstöße gegen die Gerechtigkeit

Das Problem, das er mit CD sieht, entsteht in einem demokratischen Staat, dessen Bürger die Legitimität der Verfassung anerkennen und akzeptieren = Pflichtenkonflikt: Pflicht, das von einer gesetzgebenden Mehrheit erlassene Gesetz zu befolgen, vs. Recht, die eigenen Freiheiten zu verteidigen und die Pflicht, sich gegen Ungerechtigkeit zu wehren?

CD = "eine öffentliche, gewaltfreie, gewissenhafte und dennoch politische Handlung, die gegen das Gesetz verstößt und in der Regel mit dem Ziel erfolgt, eine Änderung des Gesetzes oder der Politik der Regierung herbeizuführen".

CD - politischer Akt nicht nur in dem Sinne, dass er sich an die Mehrheit richtet, die die politische Macht innehat, sondern auch, weil er von politischen Prinzipien geleitet und gerechtfertigt wird = Prinzipien der Gerechtigkeit, die die Verfassung und die sozialen Institutionen im Allgemeinen regeln

CD kann nicht allein auf Gruppen- oder Eigeninteressen beruhen, sondern beinhaltet eine gemeinsam geteilte Vorstellung von Gerechtigkeit

geht davon aus, dass es in einem nahezu gerechten Regime eine öffentliche Vorstellung von Gerechtigkeit gibt, nach der die Bürger ihre politischen Angelegenheiten regeln und die Verfassung auslegen

argumentiert, dass ziviler Ungehorsam zum Teil deshalb gewaltfrei ist, weil er öffentlich ist; er versucht, die Anwendung von Gewalt, insbesondere gegen Personen, zu vermeiden, und zwar nicht aus grundsätzlicher Abscheu vor der Anwendung von Gewalt, sondern weil er ein letzter Ausdruck der eigenen Sache ist

Gewalttätige Handlungen, die verletzen und verletzen können = unvereinbar mit CD als Anrede

CD = Ausdruck von gewissenhaften und tief empfundenen Überzeugungen; sie ist selbst keine Bedrohung

CD ist aus einem anderen Grund gewaltfrei: sie drückt Ungehorsam gegenüber dem Gesetz innerhalb der Grenzen der Rechtstreue aus; das Gesetz wird gebrochen, aber die Rechtstreue wird durch den öffentlichen und gewaltfreien Charakter der Handlung ausgedrückt, durch die Bereitschaft, die rechtlichen Konsequenzen des eigenen Verhaltens zu akzeptieren; diese Rechtstreue trägt dazu bei, der Mehrheit zu zeigen, dass die Handlung politisch gewissenhaft und aufrichtig ist und den Gerechtigkeitssinn der Öffentlichkeit ansprechen soll

Anschließend wird der Fall des "Militanten" unterschieden, der das bestehende politische System sehr viel stärker ablehnt; er akzeptiert es nicht als ein System, das annähernd gerecht oder vernünftig ist; er ist der Ansicht, dass es weit von den Grundsätzen der Gerechtigkeit abweicht; er appelliert nicht an das Gerechtigkeitsempfinden der Mehrheit, weil er glaubt, dass das Gerechtigkeitsempfinden der Mehrheit falsch ist

Der Militante will stören und Widerstand leisten, die vorherrschende Rechtsauffassung angreifen oder eine Bewegung in die gewünschte Richtung erzwingen und kann auch versuchen, sich der Strafe zu entziehen, da dies den Kräften in die Hände spielen würde, denen er nicht zu trauen glaubt, und auch eine Anerkennung der Legitimität der Verfassung zum Ausdruck bringen, die er ablehnt Weg, um die Öffentlichkeit für die grundlegenden Reformen zu sensibilisieren, die durchgeführt werden müssen; unter bestimmten Umständen sind militante Aktionen und andere Arten des Widerstands sicherlich gerechtfertigt (aber er geht nicht darauf ein, da er das Konzept der CD beachtet und ihre Rolle in einem annähernd gerechten Verfassungssystem versteht)

S 56 - Die Definition von Verweigerung aus Gewissensgründen

Unterscheidet CD von CR, aber um dies zu tun, gibt er eine engere Definition für CD als traditionell üblich

Weit gefasst: jede Nichtbefolgung des Gesetzes aus Gewissensgründen (Thoreau) Verweigerung aus Gewissensgründen = Nichtbefolgung einer mehr oder weniger direkten gesetzlichen Anordnung oder eines Verwaltungsbefehls; die Befolgung ist den Behörden bekannt, offen, nicht verdeckt

Z.B. Weigerung der Zeugen Jehovas, vor der Flagge zu salutieren, Thoreaus Weigerung, die Steuer zu zahlen

Unterschiede:

CR = keine Form der Ansprache, die an das Rechtsempfinden der Mehrheit appelliert Man weigert sich einfach aus Gewissensgründen, einem Befehl zu gehorchen, beruft sich aber nicht auf die Überzeugungen der Gemeinschaft, so dass es sich nicht um eine Handlung im öffentlichen Raum handelt

In konkreten Situationen keine scharfe Unterscheidung zwischen CD und CR

S 57 - Die Rechtfertigung von CD

Beschränkt die Diskussion darüber, wann CD gerechtfertigt ist, auf innerstaatliche Institutionen und auf Ungerechtigkeiten innerhalb einer bestimmten Gesellschaft Gegensätzliches Problem der Verweigerung aus Gewissensgründen im Zusammenhang mit dem moralischen Gesetz, wie es für das Recht gilt - später Angemessene Bedingungen für die Beteiligung an zivilem Ungehorsam:

Arten von Unrecht, die als Gegenstand der CD geeignet sind

Schwere Verstöße gegen den ersten Grundsatz der Gerechtigkeit - Grundsatz der gleichen Freiheit und eklatante Verstöße gegen den zweiten Teil des zweiten Grundsatzes - Grundsatz der gerechten Chancengleichheit

Gewährleistung der Grundfreiheiten
Im Gegensatz dazu sind Verstöße gegen das Differenzprinzip schwieriger
festzustellen
Ein breites Spektrum an widersprüchlichen, aber rationalen Meinungen darüber, ob
der Grundsatz erfüllt ist - gilt in der Regel für wirtschaftliche und soziale
Einrichtungen, viele verschiedene Faktoren sind zu berücksichtigen

d.h. wenn Steuergesetze nicht eindeutig darauf abzielen, eine grundlegende gleiche Freiheit

anzugreifen, sollten sie normalerweise nicht durch CD angefochten werden ⇒ am besten

dem politischen Prozess überlassen

daher ist der geeignetste Gegenstand der CD = Verletzung des Grundsatzes der
gleichen Freiheit
notwendig = letzter Ausweg = politische Foren haben nicht funktioniert, die Regierung
war völlig unempfänglich = aber keine Notwendigkeit, dass die rechtlichen Mittel
ausgeschöpft wurden, nur dass die Mehrheit unbeweglich und apathisch war
Bleibt noch die Frage, ob es weit oder klug ist, von dem Recht Gebrauch zu machen,
seine Sache per CD anzufechten
in einem Staat, der der Gerechtigkeit nahe ist, ist eine rachsüchtige Unterdrückung
legitimer Meinungsverschiedenheiten unwahrscheinlich, aber es ist wichtig, dass die
Klage so gestaltet ist, dass sie einen wirksamen Appell an die Allgemeinheit darstellt
Die natürliche Pflicht zur Gerechtigkeit ist die wichtigste Grundlage für unsere
politische Bindung an eine verfassungsmäßige Ordnung.
Diejenigen, die in der Minderheit sind und sich politisch engagieren, gehen also eine
verpflichtende Bindung untereinander ein, die sich von einer Verpflichtung zur
Einhaltung einer gerechten Verfassung unterscheidet

S 58 - Die Rechtfertigung der Kriegsdienstverweigerung aus Gewissensgründen
Einbindung von CR in die CD-Diskussion über Rechtfertigungen der Außenpolitik
Die Rechtfertigung von CR, sich an bestimmten Kriegshandlungen zu beteiligen oder
in den Streitkräften zu dienen, basiert auf politischen Gründen
Notwendigkeit, die gerechten politischen Prinzipien, die das Verhalten von Staaten
regeln, mit der Vertragslehre in Beziehung zu setzen und die moralische Grundlage
des Völkerrechts von diesem Standpunkt aus zu erklären

S 59 - die Rolle der CD (+ Zusammenhang mit einem demokratischen Gemeinwesen)
In einer annähernd gerechten Gesellschaft werden die Prinzipien der Gerechtigkeit
größtenteils öffentlich als die grundlegenden Bedingungen für eine freiwillige
Zusammenarbeit zwischen freien und gleichen Personen anerkannt
Mit der CD will man an das Gerechtigkeitsempfinden der Mehrheit appellieren und
darauf hinweisen, dass die Bedingungen der freien Zusammenarbeit nach eigener
Überzeugung verletzt werden
die Kraft dieses Appells hängt von der demokratischen Auffassung der Gesellschaft
als einem System der Zusammenarbeit unter Gleichen ab
Wenn man die Gesellschaft so sieht, brauchen sich diejenigen, die durch schweres
Unrecht geschädigt werden, nicht zu fügen - die CD ist in der Tat eines der
stabilisierenden Mittel eines rechtsstaatlichen Systems, auch wenn sie illegal ist -, da

sie, wenn sie mit der gebotenen Zurückhaltung und gesundem Urteilsvermögen eingesetzt wird, dazu beiträgt, gerechte Institutionen zu erhalten und zu stärken indem sie sich innerhalb der Grenzen der Rechtstreue gegen Ungerechtigkeit wehrt, dient sie dazu, Abweichungen von der Gerechtigkeit zu verhindern und sie zu korrigieren, wenn sie auftreten

Prinzip der Gerechtigkeit = Prinzip der freiwilligen Zusammenarbeit unter Gleichen ⇒

Gerechtigkeit zu verweigern bedeutet, den anderen nicht als Gleichen zu sehen oder das

natürliche Glück und den Zufall zu unserem eigenen Vorteil auszunutzen

Wenn dies geschieht, gibt es 2 Möglichkeiten: Unterwerfung (bestätigt das Fortbestehen der Ungerechtigkeit) oder Widerstand (zerschneidet die Bande der Gemeinschaft)

Wenn die Bürger nach einem angemessenen Zeitraum, der ihnen die Möglichkeit gibt, auf normalem Wege vernünftige politische Entscheidungen zu treffen, durch zivilen Ungehorsam widersprechen würden, wenn die Grundfreiheiten verletzt werden, wären diese Freiheiten eher mehr als weniger sicher. Aus diesen Gründen würden die Parteien die Bedingungen, die den gerechtfertigten zivilen Ungehorsam definieren, annehmen, um innerhalb der Grenzen der Rechtstreue ein letztes Mittel zur Erhaltung der Stabilität einer gerechten Verfassung zu schaffen. Auch wenn diese Handlungsweise streng genommen gegen das Recht verstößt, ist sie doch ein moralisch korrektes Mittel zur Aufrechterhaltung einer verfassungsmäßigen Ordnung. Eine Konzeption der CD ist also Teil der Theorie der freien Regierung.

Einige mögen gegen diese Theorie des CD einwenden, dass sie unrealistisch ist Sie setzt voraus, dass die Mehrheit einen Sinn für Gerechtigkeit hat moralische Empfindungen sind keine bedeutende politische Kraft nicht durch das allgemeine Prinzip der Gerechtigkeit geeint werden die relevante Frage ist jedoch, wie stark die Tendenzen sind, die sich dem Gerechtigkeitssinn entgegenstellen, und ob dieser jemals stark genug ist, so dass er in nennenswerter Weise geltend gemacht werden kann Verteidigung:

annähernd gerechte Gesellschaft ⇒ verfassungsmäßige Ordnung und öffentlich anerkannte

Vorstellung von Gerechtigkeit; die Überzeugungen der Mehrheit der Gesellschaft sollten

ausreichend sein

Annahme, dass in einer annähernd gerechten Gesellschaft die gleichen Gerechtigkeitsgrundsätze öffentlich anerkannt sind aber es werden tatsächlich Unterschiede berücksichtigt, solange sie zu ähnlichen politischen Urteilen führen

Adjudikation - gibt es eine richtige Antwort auf rechtliche Fragen?

Ist die Hart'sche Rechtstheorie nicht in der Lage, "schwierige Fälle" zu erklären, weil sie sich auf Regeln konzentriert und Prinzipien außer Acht lässt?

Dworkin - Rechte ernst nehmen

Dworkin stellt fest, dass die Grundaussagen des Positivismus wie folgt lauten: Das Gesetz ist eine Reihe von Regeln, die die Gemeinschaft anwendet, um das Verhalten zu bestimmen, das bestraft oder erzwungen werden soll. ein Regelwerk erschöpfend ist; wenn also ein Fall nicht durch das Gesetz abgedeckt ist, sollte er von Richtern entschieden werden, die "ihr Ermessen ausüben".

Er kritisiert Austins Darstellung, weil sie den Zwang zu sehr in den Mittelpunkt stellt und nicht richtig zwischen einem Gesetzgeber und einem machtbesessenen Gangster unterscheidet.

Hart hingegen erkennt an, dass es primäre und sekundäre Regeln gibt. Primäre Regeln verleihen Rechte und erlegen den Mitgliedern der Gemeinschaft Pflichten auf, während sekundäre Regeln festlegen, wie diese primären Regeln in Kraft gesetzt/gelöscht werden, usw. Im Gegensatz zu Austin ist eine Regel also nicht einfach nur ein Befehl, weil sie normativ ist - d. h. sie setzt eine Verhaltensnorm, die dadurch verbindlich wird, dass die Person, die sie durchsetzt, die Autorität hatte, sie zu erlassen. Darüber hinaus erklärt Hart, dass es zwei Quellen für die Autorität der Regel gibt: Die erste ist die Akzeptanz der Regel durch eine Gruppe als Standard für ihr Verhalten; die zweite ist der Erlass in Übereinstimmung mit einer sekundären Regel. Eine grundlegende Sekundärregel ist eine "Anerkennungsregel" - z. B. "was die Königin im Parlament erlässt, ist Gesetz". So stellt Dworkin fest, dass der Hauptunterschied zwischen Austin und Hart darin besteht, dass für Hart die Autorität nicht im Machtmonopol liegt, sondern im verfassungsrechtlichen Hintergrund, auf dessen Grundlage der Gesetzgeber handelt. Nichtsdestotrotz akzeptieren beide, dass Regeln eine "offene Textur" haben und dass Richter in schwierigen Fällen Ermessen ausüben.

Dworkin wendet sich jedoch gegen diese Positionen, weil er argumentiert, dass in harten Fällen auf Normen zurückgegriffen wird, bei denen es sich nicht um Regeln, sondern um Grundsätze, Richtlinien usw. handelt.

Er definiert Prinzipien als Normen, die Fairness und andere Dimensionen der Moral widerspiegeln, und führt das Beispiel Riggs gegen Palmer an, wo der Billigkeitsgrundsatz "Niemand darf von seinem eigenen Betrug profitieren" einen Erben daran hinderte, vom Erbe desjenigen zu profitieren, den er getötet hatte. Anmerkung: In diesem Fall ging das Gericht so weit, anzuerkennen, dass es sich um einen Grundsatz handelte.

Der Unterschied zwischen Regeln und Grundsätzen besteht darin, dass Regeln "alles oder nichts" sind, wohingegen Grundsätze formbarer sind - im Fall des widerrechtlichen Besitzes beispielsweise greift die in Riggs gegen Palmer angewandte Billigkeitsmaxime nicht. Sie bieten also die Möglichkeit des Abwägens und Ausgleichens. Bei Vorschriften ist dies nicht dasselbe; die eine hat kein größeres Gewicht als die andere, so dass Entscheidungen auf der Grundlage des früheren Rechtsakts getroffen werden sollten usw. Sie können jedoch sehr ähnlich aussehen. Unabhängig davon, ob wir Grundsätze als Teil des Rechts und nicht als Ausübung des richterlichen Ermessens akzeptieren, definieren wir rechtliche Verpflichtungen unterschiedlich.

So sind Positivisten der Ansicht, dass ein Gericht, das sich nicht an ein geltendes Gesetz hält, einen freien Ermessensspielraum ausübt - und zwar einen starken Ermessensspielraum. Dworkin ist jedoch anderer Meinung; er argumentiert auf der Grundlage des Urteils Riggs gegen Palmer, dass der Grundsatz das Ermessen der Richter kontrollierte. Sie waren also an sie gebunden. Zumindest neigen Grundsätze dazu, die Entscheidung auf ein bestimmtes Ergebnis hin auszurichten, was die Wahrscheinlichkeit erhöht, dass der Richter an eine bestimmte Entscheidung gebunden ist.

Woran erkennt man nun einen Grundsatz? Hartnäckige "Abstammungsregeln" sind für Prinzipien nicht geeignet. Man muss sich auf die Rechtspraxis, auf andere Prinzipien, auf Gemeinschaftsstandards berufen, um sie zu erkennen. Daraus folgert er, dass das RoR-Modell unzureichend sein muss, da Prinzipien eindeutig ein Teil der juristischen Argumentation sind, aber nicht berücksichtigt werden.

Indem er schwierige Fälle erklärt, ohne den Richtern einen Ermessensspielraum zuzugestehen, argumentiert Dworkin, dass es selbst dann eine richtige Antwort gibt und eine Partei das Recht hat, zu gewinnen. Entscheidungen werden aufgrund von Grundsätzen und nicht aufgrund von Politiken getroffen, da letztere undemokratisch und rückwirkend sind - viele Entscheidungen werden wohl aufgrund von Politiken getroffen, auch wenn dies bedeutet, dass sie stärker gewichtet werden als die Rechte des Einzelnen - siehe Delikt. Dworkin ist jedoch nicht der Meinung, dass sich die Richter, wenn das Gesetz ausläuft, von der persönlichen Moral leiten lassen sollten (wie Finnis es tut). Sie lassen sich jedoch von früheren Entscheidungen und politischer Verantwortung leiten - so entsteht ein einheitliches System von Regeln und Grundsätzen, die in einer Rechtstheorie aufeinander abgestimmt und kohärent sind. Es gibt definitiv Raum für Meinungsverschiedenheiten, aber sie nutzen ihr Urteilsvermögen, um zu bewerten, was bereits vorhanden ist, und treffen keine persönlichen Entscheidungen darüber, was das Beste ist. Dworkin ist der Meinung, dass dies eine Erklärung für Präzedenzfälle ist; außerdem ist es aus konzeptioneller Sicht attraktiv. Es macht schwierige Fälle von der professionellen Bewertung der Normen abhängig, die bereits Teil des Gesetzes sind, und nicht nur von den persönlichen Überzeugungen und Vorlieben des Richters, was undemokratisch und ungerecht wäre.

Hart - "Der Begriff des Rechts", Kap. 7
Formalismus und Regelskepsis
Das offene Gefüge des Rechts

Das Recht muss sich in erster Linie auf Klassen von Personen und auf Klassen von Handlungen, Dingen und Umständen beziehen ⇒ seine erfolgreiche Anwendung auf Bereiche des sozialen Lebens hängt von der Fähigkeit ab, bestimmte Handlungen, Dinge und Umstände als Instanzen der allgemeinen Klassifikationen zu erkennen, die das Recht vornimmt

Zwei Instrumente zur Klassifizierung der Kommunikation solcher allgemeinen Verhaltensnormen
Gesetzgebung
Präzedenzfall
Der Präzedenzfall - "mach es wie ich" - lässt eine Reihe von Möglichkeiten offen und damit auch Zweifel darüber, was beabsichtigt ist/wie viel von der Leistung nachgeahmt werden muss
Daher lässt sich die Person vom gesunden Menschenverstand und dem Wissen um die allgemeine Art der Dinge leiten
Im Gegensatz dazu scheint die Kommunikation durch Rechtsvorschriften klar, verlässlich und sicher zu sein - "jeder muss seinen Hut abnehmen, wenn er eine Kirche betritt".
Er muss nicht spekulieren, sondern hat eine verbale Beschreibung, anhand derer er herausfinden kann, was er tun muss.
Ein großer Teil der Rechtsprechung dieses Jahrhunderts - die fortschreitende Erkenntnis, dass die Unterscheidung zwischen den Unsicherheiten der Kommunikation durch ein verbindliches Beispiel (Präzedenzfall) und den Gewissheiten der Kommunikation durch eine verbindliche allgemeine Sprache (Gesetzgebung) weniger fest ist
In der Gesetzgebung wird es fast immer Spekulationen über die Auslegung der Worte geben.
Die einzigen Fälle, in denen dies nicht der Fall ist, sind die bekannten Fälle, die immer wieder in ähnlichen Zusammenhängen auftreten und in denen eine allgemeine Übereinstimmung in der Rechtsprechung über die Anwendbarkeit der Begriffe besteht
Ungewissheit ist der Preis für die Verwendung allgemeiner klassifizierender Begriffe in jeder Form der Kommunikation
Dennoch sollten wir nicht die Vorstellung von einer Regel hegen, die so detailliert ist, dass die Frage, ob sie in einem bestimmten Fall anwendbar ist, im Voraus geklärt ist

Warum? "Weil wir Menschen und keine Götter sind" ⇒ wenn alles bekannt wäre und wir alles vorhersagen könnten, was passieren wird, dann könnte es durchaus detailliert und nicht offen strukturiert sein, aber das ist nicht die Realität unserer Welt

Eine weitere wichtige Überlegung - wir können ein zukünftiges Ziel nicht vorhersehen = Notwendigkeit einer zukünftigen Wahlmöglichkeit bei der Anwendung einer allgemeinen Regel
Alle Rechtssysteme müssen einen Kompromiss finden zwischen dem Bedürfnis nach Sicherheit und der Notwendigkeit, Fragen offen zu lassen, die am besten dann entschieden werden, wenn sie auftauchen

Die menschliche Unbestimmtheit variiert in verschiedenen Verhaltensbereichen ⇒ die

Rechtssysteme tragen der Unfähigkeit, die Zukunft vorherzusagen, durch verschiedene

Techniken Rechnung

z.B. wenn das Gesetz einer Behörde einen Ermessensspielraum einräumt

z. B. wenn eine Reihe von Umständen vertraute Merkmale der allgemeinen Erfahrung

abdeckt ⇒ Beurteilung dessen, was "vernünftig" ist - wie z. B. der Sorgfaltsstandard

Die offene Struktur des Rechts wird oft dadurch verwischt, dass die Gerichte nur die Form

anerkennen und behaupten, dass die eigentliche Aufgabe der Gesetzesauslegung und der

Anwendung von Präzedenzfällen darin besteht, nach der Absicht des Gesetzgebers und

dem bereits bestehenden Recht zu suchen ⇒ Verleugnung der kreativen Funktion des

Rechts

Hart argumentierte weiter gegen den Regelskeptizismus. Er erkennt an, dass das
Recht eine offene Struktur hat, aber auch, dass Entscheidungen in der Regel unter
Bezugnahme auf eine Regel getroffen werden. Aber, wie Penner anmerkt, sind für
einen Regelskeptiker Regeln niemals eine Richtschnur für Richter.

POSTSCRIPT - Die Antwort von Hart

Besteht das Recht aus der besten Auslegung früherer Entscheidungen?
Dworkin, Das Reich des Rechts - späteres Werk

Notizen aus Penner txtbk:

Der juristische Interpretivismus ist keine Theorie der Rechtssprechung, sondern eine
Theorie des Rechts
Dies liegt daran, dass er argumentiert, dass der Interpretivismus die "beste Erklärung
für die Natur des Rechts" ist.
In diesem Buch erklärt er, dass Richter unabhängig davon, was niedergeschrieben ist,
immer noch interpretieren - und dass es diese Interpretation ist, die das Gesetz
darstellt.
er plädiert für "Recht als Integrität" =
das versucht, Rechtsansprüche zu lösen, indem es sowohl vergangene als auch in
die Zukunft gerichtete Faktoren auslegt, und zwar auf der Grundlage von Grundsätzen
der "Gerechtigkeit, Fairness und eines ordnungsgemäßen Verfahrens, die die beste
konstruktive Auslegung der Rechtspraxis der Gemeinschaft darstellen".
Positivisten sind der Meinung, dass alles Recht auf der Grundlage vereinbarter
Kriterien identifizierbar sein muss. Dies würde jedoch bedeuten, dass Menschen, die
sich nicht einig sind, was Recht ist, lediglich unterschiedliche Definitionen von Recht
verwenden und aneinander vorbeireden (semantischer Stachel) - in der Praxis lässt
sich in unseren Kulturen leicht feststellen, welche Praktiken und Institutionen
rechtmäßig sind, und wir brauchen keine gemeinsame intellektuelle Definition der
Kriterien, die wir zu ihrer Bestimmung verwenden.

Endicott

Erörtert die Beziehung zwischen Theorien der Rechtsprechung und der Rechtsstaatlichkeit, da die Art der Rechtsprechung anscheinend oft eine rückwirkende Auferlegung der Haftung auf die Angeklagten zulässt.

Er argumentiert, dass es ein Missverständnis sei, dass Rechtsstaatlichkeit bedeute, dass Richter Streitigkeiten nur durch direkte Anwendung des Gesetzes entscheiden sollten. Harts These, so argumentiert er, verkenne die Rolle der Beschreibung des Rechts, indem er ihr eine Rolle bei der Bestimmung des Wesens des Rechts zuschreibe. Er sprach sich auch dagegen aus, dass die Rechtsstaatlichkeit den Richtern die Verpflichtung auferlegt, nur bestehendes Recht anzuwenden - also keinen Ermessensspielraum (wie Dworkin vorschlägt).

Endicott untersucht den Fall einer Frau Sorenson, die ein von 11 verschiedenen Herstellern vertriebenes Generikum erhält und aufgrund eines Herstellungsfehlers bei allen gelieferten Pillen einen Schaden erleidet. Die Regeln des Deliktsrechts über die Verursachung würden, wie Dworkin vorschlägt, bedeuten, dass sie keine Entschädigung erhalten kann - und zwar deshalb, weil nach Hart "die Existenz und der Inhalt des Rechts durch Bezugnahme auf soziale Quellen des Rechts (z. B. Gesetzgebung, gerichtliche Entscheidungen, soziale Bräuche) identifiziert werden können ⇒ was Dworkin die "Quellen-These" nennt.

Dworkin argumentiert also so:
Hart behauptet, dass der Inhalt des Rechts nur durch Bezugnahme auf diese Quellen und NICHT durch Bezugnahme auf die Moral identifizierbar ist, es sei denn, die Quellen haben die Moral aufgenommen
kein Rechtsanspruch auf ein Rechtsmittel
Hart würde also sagen, dass C verliert.

Endicott argumentiert jedoch, dass diese Schlussfolgerung falsch ist und dass Dworkin nicht recht hat. Er führt das alternative Szenario an: Wenn das Gesetz dem Gericht eine neue Rechtsregel gibt, muss es nicht verlieren. Harts Lehre vom Präzedenzfall ist in der Tat mit "kreativer oder gesetzgeberischer Tätigkeit" vereinbar: d.h. mit der Unterscheidung früherer Fälle durch "Verengung der aus dem Präzedenzfall abgeleiteten Regel" und mit der Erweiterung der Regel durch den Verzicht auf "eine Einschränkung, die in der aus dem früheren Fall abgeleiteten Regel enthalten ist". Endicott argumentiert also, dass die Theorie von Hart günstiger ist als die von D., weil sie anerkennt, dass es eine richterliche Befugnis gibt, eine Entschädigung aus neuen Gründen zuzusprechen, die der richterlichen Befugnis zur Änderung des Rechts innewohnt.

Auch der Konflikt mit der Rechtsstaatlichkeit wird überbewertet. Der Rechtsstaat wendet sich gegen staatliche Willkür, nicht generell gegen rückwirkende Entscheidungen, da diese nicht unbedingt willkürlich sind. Der Fall von Frau

Sorenson ist also ein sehr gutes Beispiel für eine nicht willkürliche rückwirkende Anwendung, die nicht im Widerspruch zur Rechtsstaatlichkeit steht. Sie würde nur dann gegen die Rechtsstaatlichkeit verstoßen, wenn sie unkontrolliert wäre.

Finnis argumentiert, dass Richter in gewissem Sinne neues Recht schaffen, aber ihre Befugnis wird so stark vom bestehenden Recht kontrolliert, dass sie in gewissem Sinne bereits als Teil des Rechts bezeichnet werden kann - Endicott hält dies jedoch für irreführend, da sie, auch wenn sie sehr stark vom früheren Recht beeinflusst ist, auf unabhängigen Gründen beruhen kann, um ein völlig neues Recht zu schaffen (wörtlich aus RG-Notizen)

Die Theorie von Hart lässt nach Ansicht von Endicott die Möglichkeit zu, dass Richter neue Rechte schaffen können. Aber das liegt wohl daran, dass Endicott die Theorie von Hart ein wenig erweitert, um die Gewohnheiten von Richtern zu berücksichtigen, was H nicht ausdrücklich sagt - glaube ich?

Dass die Moral nur insoweit relevant ist, als das Gesetz selbst moralische Kriterien enthält, ist für Endicott jedoch etwas unsinnig. Denn Hart schweigt sich darüber aus, was eigentlich geschieht, wenn Richter Streitigkeiten nach moralischen Gesichtspunkten entscheiden. Im Postskriptum sagt Hart, dass es vermieden werden sollte, sich auf umstrittene Rechtstheorien festzulegen, wie etwa solche, die den allgemeinen Status eines moralischen Urteils proklamieren.

Äquivokation = Gerechtigkeit und Rechtsstaatlichkeit erfordern bei der Entwicklung des Common Law ein hohes Maß an richterlicher Rechtsetzung. Jede solide Theorie der Rechtsprechung wird dies und die Tatsache, dass man nicht zwischen Normen unterscheiden muss, die vor der Entscheidung Teil des Gesetzes waren oder nicht, berücksichtigen. Das Problem von H besteht darin, dass er keine Lösung für den Zwiespalt zwischen der Anwendung des damals geltenden Rechts und dem Handeln aufgrund einer nicht rechtlichen Erwägung bietet. Die Theorie von D verwandelt die Zweideutigkeit in eine Krise.

Finnis

Finnis lobt D dafür, dass er den inneren Zusammenhang zwischen praktischer Argumentation und rechtswissenschaftlicher Arbeit anerkennt, spricht aber eher von Interpretation als von PR; erstere sei recht passiv, letztere hingegen aktiv und kreativ. Finnis kritisiert daher, dass er die Verantwortung der Richter für die praktische Argumentation nie wirklich umreißt.

Er stimmt also mit Dworkin darin überein, dass Rechtsprechung dasselbe ist wie Rechtstheorie im Allgemeinen, konzentriert sich aber auf die Zwecke hinter dem Gesetz und nicht auf das, was tatsächlich geschieht. Allerdings geht Dworkin nicht ausreichend auf die Verantwortung des Gesetzgebers ein, praktische Überlegungen anzustellen. Er befasst sich nur mit den Zwecken des Gesetzes - z. B. der Verhinderung von Willkür (daher sagt Endicott, dass er der Meinung ist, dass Richter, die Gesetze erlassen, gegen die Grundrechte verstoßen würden) -, berücksichtigt aber nicht das weiter gefasste Ziel, das Gemeinwohl zu erreichen.

Dworkin überschätzt auch die Fähigkeit der PR, eine einzige beste Option zu identifizieren - es kann mehrere richtige Antworten geben - insbesondere auf der Grundlage seiner beiden "inkommensurablen" Kriterien.

Richter erkennen manchmal in schwierigen Fällen, dass sie neues Recht auf der Grundlage moralischer Erwägungen schaffen, anstatt festzustellen, was das Gesetz bereits ist - man kann dies immer noch als juristisches Urteil bezeichnen, weil es so eng an das bestehende Recht angelehnt ist, aber es ist nicht einfach eine Anwendung des bestehenden Rechts.

Dworkin übersieht außerdem, wie nützlich es sein kann, sich mit quellenbasiertem Recht zu befassen, um Menschen zu koordinieren, eine Option aus einer Vielzahl von akzeptablen Optionen auszuwählen und eine Antwort auf einen schwierigen Fall zu erhalten.

Kann das Recht moralische Normen einbeziehen? Ist die Debatte über den inklusiven oder exklusiven Rechtspositivismus eine fehlgeleitete Reaktion auf Dworkin?

Endicott argumentiert, dass Hart ein inklusiver Rechtspositivist war, der argumentierte, dass das Quellenrecht den Richtern erlaubt, moralische Kriterien nach eigenem Ermessen anzuwenden, kritisiert ihn aber dafür, dass er nicht wirklich erklärt, was Richter tun, wenn sie Streitigkeiten aus moralischen Gründen lösen. Postskriptum": "Für den praktischen Zweck ist es unerheblich, ob der Richter bei der Entscheidung von Fällen in Übereinstimmung mit der Moral Recht schafft (vorbehaltlich der durch das Gesetz auferlegten Beschränkungen) oder ob er sich von seinem moralischen Urteil darüber leiten lässt, was bereits bestehendes Recht durch einen moralischen Test für Recht offenbart.

Endicott argumentiert also, dass Hart so interpretiert werden kann, dass die RoR als Rechtstheorie nicht leugnen kann, dass moralische Standards einbezogen werden. Er bietet jedoch keine Erläuterung der Unterscheidung zwischen richterlicher Rechtsetzung und der Anwendung moralischer Kriterien, die in das Gesetz aufgenommen wurden.

Coleman

Auch Coleman plädiert für einen umfassenden Rechtspositivismus. Er vertritt jedoch die Auffassung, dass die Debatte nicht so wichtig ist wie angenommen.

Die positivistische Hart-Prämisse ist, dass:
Die Kriterien sind zentral, die Regel der Anerkennung spielt eine entscheidende Rolle bei der Unterscheidung zwischen dem Rechtlichen und dem Nicht-Rechtlichen.

Der Dworkianer hingegen argumentiert, dass Grundsätze und sogar Politiken verbindliche Rechtsquellen sind und ihr Status als Rechtsquelle nicht von einer "Masterregel" abhängt.

Coleman favorisiert daher die ILP, die auf Dworkins Philosophie aufbaut und von der Behauptung ausgeht, dass Richter schwierige Fälle unter Bezugnahme auf moralische Grundsätze entscheiden, und zwar nicht nach eigenem Ermessen, sondern weil sie dazu verpflichtet sind. Darauf reagierten die Positivisten unterschiedlich:

Sie argumentierten, dass die Richter einen Ermessensspielraum ausüben.

ELP (Raz): Moralische Grundsätze können zwar verbindlich sein, werden dadurch aber nicht Teil des Gesetzes; Moral hat also nichts mit Rechtsgültigkeit zu tun

ILP: Die Quelle des Gesetzes kann moralische Normen enthalten, aber die verbindliche Quelle ist immer noch von der Regel der Anerkennung abhängig; daher ist es zwar möglich, dass die Rechtsgültigkeit in gewissem Maße von der Moral abhängt, aber das ist nicht unbedingt der Fall, weil dies nur dann der Fall ist, wenn das Gesetz moralische Grundsätze anpasst

Coleman ist der Ansicht, dass der Hauptwert des ILP in der Rolle liegt, die es bei der Schaffung und Aufrechterhaltung einer Reihe von "Diskussionen" gespielt hat, die dazu beigetragen haben, die Aufmerksamkeit auf mehrere Fragen zu lenken, die von grundlegenderer Bedeutung sind als die Anliegen, die es behandeln sollte, insbesondere die Beziehung zwischen Recht und Autorität und die Methodik der Rechtsprechung. So schließt beispielsweise Raz' Auffassung von Autorität jeden Rückgriff auf eigene moralische Erwägungen aus - Coleman ist der Ansicht, dass dies nicht stimmt, und stellt ferner fest, dass das Recht nur legitime Autorität beanspruchen kann, was nicht unbedingt akzeptiert wird.

Marmor

Marmor vertritt die Auffassung, dass die ELP das Richtige ist - alles Recht beruht auf einer Quelle, und nichts außerhalb der Quelle ist verbindlich. Er begründet dies damit, dass das Recht auf Konventionen beruht, was bedeutet, dass die Menschen nicht so handeln können, wie sie wollen... Ich bin mir nicht sicher, ob ich das verstehe. Noch wichtiger ist, dass er sagt, dass dies auf Raz' Autoritätsargument zurückzuführen ist - das Recht als Autorität muss in der Lage sein, den Menschen zu sagen, was sie zu tun haben, und moralische Erwägungen auszuschließen, weil es sonst nicht maßgebend wäre. Daher ist er der Meinung, dass Richter einen Ermessensspielraum ausüben.

Raz

Einer Norm Rechtskraft zu verleihen ist nicht dasselbe, wie sie zu einem Teil des Rechtssystems zu machen - ein Vertrag ist rechtlich bindend, aber nicht Teil des Gesetzes. Die "Einbeziehung" moralischer Normen kann als eine Möglichkeit gesehen werden, die Art und Weise zu modulieren, wie das Gesetz andere Gründe für Handlungen ausschließt - es sagt den Richtern, dass moralische Erwägungen in diesem Fall nicht von ihrer Argumentation ausgeschlossen sind. Sie haben also einen Ermessensspielraum und sind angewiesen, bestimmte moralische Erwägungen zu berücksichtigen, aber es ist immer noch ein Ermessensspielraum, der nicht durch das Gesetz gebunden ist.

Finnis

Der einschließende/ausschließende Rechtspositivismus ist ein leerer Streit - die Anerkennungsregel einer einzelnen Rechtsordnung könnte in der einen oder anderen Weise festlegen, ob moralische Normen als Teil des Gesetzes betrachtet werden, es handelt sich also nicht um ein inhärentes konzeptionelles Merkmal. Aber das Problem ist doch, dass die exklusiven Rechtspositivisten der Meinung sind, dass es unabhängig davon, was das Gesetz sagt, grundsätzlich nicht möglich ist, dass sie Teil des Gesetzes sind?

Dworkin
Der ausschließliche Positivismus ist dogmatisch und verwendet künstliche Vorstellungen von Recht und Autorität, nur um die Theorie aufrechtzuerhalten - der einschließende Positivismus versucht lediglich, das Etikett Positivismus für eine Theorie zu verwenden, die gar kein Positivismus ist.
Positivisten wollen das Etikett des Positivismus unbedingt beibehalten, weil es ihnen erlaubt, die Rechtsphilosophie als eigenständige, von der Moralphilosophie getrennte Disziplin zu behandeln.
Colemans umfassender Rechtspositivismus ist im Grunde dasselbe wie Dworkins interpretivistische Theorie.
Ich glaube nur nicht, dass es so ist? Zu sagen, dass das Gesetz in einigen Fällen die Moral mit einbeziehen kann, ist etwas völlig anderes als zu sagen, dass alle rechtlichen Entscheidungen auf der besten moralischen Interpretation des bestehenden Rechts beruhen sollten?
Raz' Argument der Autorität ist fehlerhaft und stützt sich auf eine Auffassung von Autorität, die nicht allgemein anerkannt ist - auf jeden Fall ist es bizarr, die Definition des abstrakten Konzepts der Autorität als Grundlage für die Beantwortung entscheidender praktischer Fragen zu verwenden, wie gerichtliche Handlungen gerechtfertigt werden.
Historisch gesehen wurde der Rechtspositivismus mit progressiver Politik in Verbindung gebracht bzw. zur Unterstützung progressiver Politik verwendet, aber seit dem Zweiten Weltkrieg wird er eher mit konservativem Majoritarismus in Verbindung gebracht, während Liberale/Progressive dazu neigen, moralische Beschränkungen des Rechts wie die Menschenrechte zu unterstützen.
Dworkin hält es nicht für möglich, dass Rechtstheorien deskriptiv und soziologisch sind und gleichzeitig den Anspruch erheben, universelle konzeptionelle Merkmale des Rechts zu beschreiben, die für alle Rechtssysteme überall gelten.

Was soll das Recht regeln? / Grenzen des Rechts
Sollte das Gesetz die Freiheit nur deshalb einschränken, um Schaden von anderen abzuwenden?
Mill
Mill argumentiert, dass der einzige Grund, aus dem man legitimerweise individuell oder kollektiv in die Handlungsfreiheit eines jeden Menschen eingreifen kann, der Selbstschutz ist. Die einzige Macht, die über ein Mitglied einer Gemeinschaft ausgeübt werden kann, besteht also darin, Schaden von anderen abzuwenden. Was den Einzelnen betrifft, so ist seine Unabhängigkeit absolut - das Gesetz regelt also nicht, was nur den Einzelnen betrifft. Dennoch können Menschen auch vor ihren eigenen Handlungen geschützt werden.

So kann die Freiheit des Menschen dadurch eingeschränkt werden, dass er bestimmte positive Handlungen zum Nutzen anderer vornimmt - z. B. die Zeugenaussage vor Gericht; oder etwa im Deliktsrecht, wo wir von einer Haftung ausgehen.

Er spricht sich zwar gegen die Idee eines Gesellschaftsvertrags aus, vertritt aber die Auffassung, dass jeder, der den Schutz der Gesellschaft genießt, diesen Nutzen in irgendeiner Form zurückgeben sollte. Es liegt in der Idee des Lebens in einer Gesellschaft, dass jeder Mensch Pflichten und Rechte gegenüber den anderen um ihn herum haben sollte. Hinzu kommt, dass der Einzelne andere verletzen kann, ohne deren Rechte zu verletzen - was bedeutet, dass die Gesellschaft über eine Vielzahl von Mitteln verfügt, um das Wohlergehen anderer ohne rechtliche Instrumente zu fördern.

Anders verhält es sich jedoch, wenn das Verhalten eines Einzelnen nur ihn selbst betrifft. In diesem Fall ist die Tatsache, dass er sein eigenes Interesse im Auge hat, natürlich weniger problematisch. Außerdem ist es der Autonomie inhärent, dass er die Fehler machen darf, die er machen will. Mill weist jedoch auf einen wichtigen Punkt hin - nämlich dass niemand als Person völlig isoliert ist, was bedeutet, dass das, was eine Person sich selbst antut, weitreichende Auswirkungen haben kann usw., was es schwierig macht, eine Grenze zu ziehen.

Selbst wenn wir diese Grenze ziehen könnten, räumt Mill die Möglichkeit ein, dass wir es vielleicht trotzdem nicht tun sollten. Nichtsdestotrotz antwortet er, dass dies eine bedauerliche, aber notwendige Konsequenz der Respektierung breiterer Vorstellungen von menschlicher Freiheit ist. Außerdem stellt er fest, dass die Gesellschaft dort, wo sie in individuelle Handlungen eingreift, dies wahrscheinlich zu Unrecht und in ihrem eigenen Interesse tut, und nennt als Beispiel religiöse Bigotterie.

Und schließlich ist eine solche Theorie gefährlich, weil sie einer nicht homogenen Gesellschaft homogene Normen auferlegt.

Meine Überlegungen:

Eine der Schwächen des Mill'schen Schadensprinzips liegt in der Vorstellung, dass es unmöglich ist zu sagen, dass eine Person durch ein bestimmtes Verhalten nicht indirekt geschädigt wird, was die Frage aufwirft, wo die Grenze zwischen einem Verhalten, das Zwang erfordert, und einem Verhalten, das dies nicht tut, zu ziehen ist. Während Mills "Schadensprinzip" tugendhaft ist, weil es die Autonomie des Einzelnen stärkt, indem es ihm die Freiheit gibt, selbst zu entscheiden, was für ihn richtig ist, ist es problematisch, wenn es darum geht zu erklären, wie nahe der Schaden, der zählt, sein sollte. Wenn beispielsweise jemand eine Droge mit Langzeitwirkung, wie Methamphetamin, missbraucht und dadurch psychotische Züge - d. h. Paranoia oder visuelle Halluzinationen - entwickelt, könnte man sagen, dass der Staat sich nicht in seine Angelegenheiten einmischen sollte, da seine Handlungen niemand anderem schaden. Aber was passiert, wenn diese Person Kinder hat, die wegen der Sucht ihres Vaters obdachlos sind und staatliche Unterstützung für Unterkunft und Lebensunterhalt benötigen? Oder wenn sie langfristig unter Missbrauch leiden und jahrelang Therapie und verschreibungspflichtige Medikamente benötigen? Die Handlungen der Person haben nicht nur Auswirkungen auf sie selbst, wie es zunächst den Anschein hatte, sondern auch auf die Menschen in ihrer Umgebung, und Mills These hat Schwierigkeiten, diesen wichtigen Gedanken des Schadens aus zweiter Hand" zu erklären.

Raz

Raz weist darauf hin, dass nicht alles, was wir freiwillig tun, etwas ist, das wir tatsächlich rational gewählt haben. Er argumentiert, dass die persönliche Autonomie im eigentlichen Sinne eine tatsächlich freie Entscheidung erfordert, die darauf beruht, dass sich das Individuum der verfügbaren Optionen bewusst ist. Daher spricht er von den "Bedingungen der Autonomie":

angemessene geistige Fähigkeiten

angemessene Auswahl an Optionen

So argumentiert er beispielsweise, dass eine "gehetzte Frau" keine Wahl hat, was sie tun soll, weil sie dem Bären, der sie verfolgt, entkommen muss.

Darüber hinaus spielt die Vielfalt eine Rolle - er weist darauf hin, dass die Wahl zwischen X identischen Häusern keine echte Wahl ist

Unabhängigkeit

z. B. Freiheit von Zwang, denn das schränkt die Möglichkeiten eines Menschen deutlich ein

Gleichzeitig kann man aber auch gezwungen werden und trotzdem viele Optionen zur Auswahl haben.

Raz stellt auch die Frage, ob Autonomie tatsächlich von Wert ist, unabhängig davon, wie moralisch die Zwecke sind, denen sie dient. Im Hinblick auf das Allgemeinwohl kann es besser sein, wenn jemand seine Autonomie ein wenig einbüßt, als wenn er eine schlechte Wahl trifft. Im Gegensatz zu Mill, der der Meinung zu sein scheint, dass Autonomie für den Begriff des Gemeinwohls an sich wichtig ist, scheint Raz also zu glauben, dass sie nur insofern wichtig ist, als sie moralisch genutzt wird.

Dennoch erkennt er an, dass die Erfüllung der Bedingungen der Autonomie ein inhärentes Gut ist und dass sie ein Streben ist, das ein gemeinsames Ziel für die gesamte Gesellschaft sein sollte. Daher hält er es nicht für relevant, ob Menschen autonom sein wollen oder nicht.

In Bezug auf die Frage, wie viel Autonomie abgeschafft werden kann, ist er der Ansicht, dass es in Ordnung ist, wenn der Gesetzgeber einige Optionen abschafft, solange den Menschen einige angemessene Optionen verbleiben; dies gilt, solange die Abschaffung dazu dient, die Menschen daran zu hindern, schlechte Entscheidungen zu treffen. So meint er, dass seine Version des Schadensprinzips, die auf der Autonomie und ihren Bedingungen beruht, bedeutet, dass das Gesetz die Moral durchsetzen und die Freiheit einschränken kann, um das Streben nach einem guten Leben zu fördern, dies aber nur dann tun kann, wenn bestimmte Bedingungen (siehe oben) festgelegt sind. Außerdem muss dies nicht auf zwangsweise Weise geschehen - siehe mein Beispiel aus dem Tute-Essay über Organspende.

Stanton-Ife

Er stellt fest, dass es mehrere Versuche gibt, die Grenzen des Rechts zu bestimmen:

Mill: Schadensprinzip - die Vermeidung von Schaden für andere ist der einzige Grund, warum Zwang angewendet werden darf

Feinberg:

Deliktprinzip" - Abschreckung von Schaden + Delikt = Rechtfertigungen für Zwang argumentiert, dass die Abschreckung und Verringerung des Schadens für andere Menschen ein guter Grund für das Strafrecht ist, sowohl konzeptionell als auch im Hinblick auf eine Kosten-Nutzen-Analyse

spricht sich jedoch entschieden gegen den "harten Paternalismus" aus, der den Zwang auf eine Person zu ihrem eigenen Wohl und nicht zum Wohl anderer ausübt

Raz: keine Grenzen, aber das Schadensprinzip lässt Grenzen nur insoweit zu, als sie auch die Autonomie schützen

Seine zentrale Behauptung ist, dass das Schadensprinzip auf der Grundlage des Autonomieprinzips aus einem einfachen Grund vertretbar ist: "Das eingesetzte Mittel, der Zwangseingriff, verletzt die Autonomie des Opfers". Er erklärt dies: Erstens verletze er die Bedingung der Unabhängigkeit und bringe ein Herrschaftsverhältnis und eine Haltung der Geringschätzung gegenüber dem gezwungenen Individuum zum Ausdruck. Zweitens ist die Nötigung durch strafrechtliche Sanktionen ein globaler und wahlloser Eingriff in die Autonomie. (Raz 1986, S. 418)

Er ist auch nicht der Meinung, dass es Grenzen geben muss.

Feinberg

Feinberg versucht ebenfalls, Grenzen festzulegen; er beginnt mit der Definition von Schaden als Schädigung eines Interesses oder Verletzung eines Rechts und ist der Ansicht, dass auch im ersteren Fall Zwang nach dem so genannten "Deliktprinzip" ausgeübt werden kann. Er argumentiert auch, dass die strafrechtliche Bestrafung die bestmögliche Methode ist, um dies zu erreichen. Anmerkung: Dies kann aufgrund der Einbeziehung von Interessen ziemlich weit gefasst werden.

G. Dworkin

G. Dworkin stellt fest, dass Mills Schadensprinzip zwei Arten von Ansprüchen beinhaltet: eine ist negativ. Er argumentiert, dass die negative Behauptung Mills mangelndes Engagement für "harten Paternalismus" zeigt, wie Stanton-Ife es ausdrückt, denn die negative Behauptung ist genau "der Einwand gegen paternalistische Einflüsse auf die Freiheit eines Menschen".

Er argumentiert, dass Paternalismus "der Eingriff in die Handlungsfreiheit einer Person ist, der durch Gründe gerechtfertigt ist, die sich ausschließlich auf das Wohlergehen, das Wohl, das Glück, die Bedürfnisse, die Interessen oder die Werte der Person beziehen, die gezwungen wird".

G. Dworkin erklärt, dass Mill überschätzt, wie sehr die Menschen tatsächlich wissen, was das Beste für sie ist. Wenn die Menschen also nicht so genau wissen, was das Beste für sie ist, wie Mill dachte, wie kann dann die "negative Behauptung" in Mills "Schadensprinzip" aufrechterhalten werden? Mit anderen Worten: Wenn die Menschen nicht wissen, was das Beste für sie ist, warum sollte der Staat dann nicht Zwangsmethoden zum Wohle des Einzelnen anwenden? Hier kommt die paternalistische Politik ins Spiel, die Dworkin als "Versicherungspolice" gegen weitreichende und vielleicht dauerhafte Entscheidungen beschreibt. Es wird behauptet, dass Dworkin mit seiner Kritik Recht hat, zumal er relativ zurückhaltend für den Paternalismus argumentiert.

Ein gutes Beispiel ist z.B. das Thema Sexualerziehung, deren Qualität weitreichende Auswirkungen auf die Verbreitung von Geschlechtskrankheiten, Teenagerschwangerschaften etc. hat. Im Vergleich zu anderen Industrieländern und trotz eines deutlichen Rückgangs in den letzten Jahren ist die Rate der Teenagerschwangerschaften im Vereinigten Königreich extrem hoch, was auf eine mangelnde Effizienz der Sexualerziehung hindeutet und beweist, welche Auswirkungen ein fehlender oder unzureichender Zugang zur Bildung auf den Informationsstand der Menschen und ihr Bewusstsein für ein Verhalten in ihrem besten Interesse hat. Darüber hinaus sind die Menschen in ihren Entscheidungen nicht annähernd so autonom, wie Mill zu behaupten scheint. Allein die Tatsache, in eine bestimmte Region oder Familie hineingeboren zu sein, kann die Autonomie stark beeinträchtigen, und zwar aufgrund der Art der emotionalen und psychologischen Einflüsse, denen man ausgesetzt ist - z. B. könnte A, der in eine waffenbegeisterte Familie mit einer umfangreichen Waffensammlung hineingeboren wird, den sozialen und kulturellen Druck verspüren, selbst ein Waffenbesitzer zu werden. Mills "Schadensprinzip", das besagt, dass sich der Staat nicht in die Moral und das gute Leben der Menschen einmischen darf, ist daher schwer zu rechtfertigen. Es wird behauptet, dass diese Probleme entschärft werden könnten, wenn wir Raz' Version des "Schadensprinzips" annehmen würden. Er argumentiert, dass es unrealistisch ist zu behaupten, dass die Gesellschaft keine Bedingungen für Autonomie bietet, wozu die geistige Fähigkeit gehört, Ziele zu verfolgen, angemessene Wahlmöglichkeiten zu haben und frei von Zwang und Manipulation zu sein. Anhand der vorangegangenen Beispiele wird deutlich, dass die Regierung durchaus eine Rolle bei der Gestaltung der Wahlmöglichkeiten ihrer Bürger spielt, wie die Verbesserung der sexuellen Gesundheit und der Rückgang der Teenager-Schwangerschaften durch die Einführung der Sexualerziehung im Vereinigten Königreich zeigen - die Menschen treffen nicht einfach bessere autonome Entscheidungen, sondern werden durch eine staatliche Initiative mit paternalistischer Wirkung beeinflusst. Darüber hinaus ist dies ein weiteres Argument, nämlich dass die Regierung Aspekte der Moral durch nicht zwingende Methoden fördert und fördern sollte. Ein Beispiel dafür ist die relativ neue Änderung der Rechtsvorschriften zur Organspende im Vereinigten Königreich - früher musste man sich für eine Organspende entscheiden, jetzt muss man sich dagegen entscheiden, wenn man nicht spenden will. Dabei handelt es sich nicht um eine Zwangsmaßnahme, sondern um ein Mittel, mit dem der Staat einen wertvollen Aspekt der Moral fördert.

Sollte der Gesetzgeber versuchen, die Bürger tugendhaft zu machen und zu einem guten Leben zu führen? Sollte der Staat neutral bleiben zwischen den unterschiedlichen Auffassungen darüber, was als gutes Leben gilt?
Finnis
Finnis hebt die Unterscheidung zwischen Handlungen für das Gemeinwohl und für das private Wohl hervor und ist der Meinung, dass der Staat nur dann Zwang ausüben sollte, wenn das Gemeinwohl erreicht werden soll.
Dworkin
Die liberale Toleranz ist die Doktrin, die besagt, dass der Gesetzgeber keinen Zwang anwenden darf, um Homogenität zu erzwingen, da dies der Gemeinschaft selbst zuwiderläuft.
Er greift dies jedoch aus vier Gründen an:
Er argumentiert, dass die Mehrheit "das Recht hat, ihre Ansichten der Ethik aufzuzwingen".
Paternalismus bedeutet, dass jede Gemeinschaft so miteinander verwoben ist, dass "jeder Bürger eine Verantwortung für das Wohlergehen der anderen Mitglieder hat argumentiert, dass jeder Bürger die Gemeinschaft für sein Eigeninteresse braucht
Integration: "Die liberale Toleranz beruht auf einer illegitimen Unterscheidung zwischen dem Leben der Menschen innerhalb der Gemeinschaft und dem Leben der Gemeinschaft als Ganzes".
Er argumentiert insbesondere, dass der vierte Gedanke zwar als Angriff auf die liberale Toleranz verwendet wird, aber genau das Gegenteil bewirkt. Die Menschen

sollten sich mit der Gemeinschaft, in der sie leben, identifizieren, und es liegt auf der Hand, dass jede Gemeinschaft, die nicht superhomogen ist und die tatsächlich eine Pluralität von Interessen und Typen berücksichtigt, diese "Integration" erleichtern wird. Er argumentiert weiter, dass kritische Interessen, also solche, die das Leben wertvoller machen, nur dann wichtig sind, wenn sich die Menschen tatsächlich für sie interessieren und sie fördern.

Die Hart-Devlin-Debatte (ein klassisches Argument, das an einem falschen Verständnis von Moral scheiterte)

Hart-Devlin-Debatte

In der Hart-Devlin-Debatte vertrat Devlin die Auffassung, dass die Gesellschaft moralisch gegen eine Praxis vorgehen kann, die gegen die "öffentliche Moral" verstößt, die er als die moralische Auffassung einer vernünftigen Person definiert. Hart hat daraufhin unter anderem eingewandt, dass wir nicht alle die gleichen moralischen Ansichten haben und dass wir alle ein Recht auf unsere eigene Meinung zur Moral haben. Wie wir gesehen haben, schafft der Staat die Voraussetzungen für die Autonomie seiner Bürger und fördert moralische Ideale. Aber warum sollte er dies mit nicht zwingenden Mitteln tun und nicht mit zwingenden Mitteln? Die Antwort gibt der Fall R. v. Brown. Das Gericht in Brown entschied mit einer Mehrheit von 3:2 Stimmen, dass sadomasochistischer Sex, den eine Gruppe von Männern in gegenseitigem Einvernehmen ausübte, rechtswidrig ist. Der Aspekt des Urteils, auf den sich die Entscheidung am meisten stützt, ist die Verhinderung von Schaden für die Gesellschaft. Die Mehrheit sah das Verhalten als "abweichend" an, insbesondere weil es zu einem "Gewaltkult" führte, der der Gesellschaft nicht zuträglich war. Die Schwächen in der Argumentation der Mehrheit zeigen sich jedoch in der Verwendung vager Begriffe zur Erläuterung der Moral ihrer Entscheidung, d. h. in der Verwendung von "guten Gründen" als Erklärung dafür, warum Sadomasochismus nicht in die Liste der schädigenden Verhaltensweisen aufgenommen werden sollte, in die man nach dem OAPA 1861 einwilligen kann, aber auch in der Bezugnahme auf andere Fälle von Straftaten gegen die Person, wie z. B. Wilson, bei dem es um die Zustimmung einer Ehefrau zu einem Ehemann ging, der seine Initialen auf ihr Gesäß einbrannte. Daher leidet die Entscheidung an dem, was Dworkin als Devlins größtes Problem ansieht, nämlich dass seine Ansicht keine kohärente Rechtstheorie begründen kann. Es gibt wohl in jeder Gesellschaft eine Art von "öffentlicher Moral"; sie ist ein Maßstab, nach dem die Unterschiede in den Gesetzen der Rechtssysteme bestimmt werden. Wenn diese Moral jedoch durch die Durchsetzung der Ansicht einer "vernünftigen Person" bestimmt wird, werden unbestreitbar Menschen diskriminiert, die eine solche Diskriminierung nicht verdient haben. Es wird behauptet, dass die Mehrheit diesen Test nicht besteht, was durch den Kontrast zwischen Brown und Wilson bewiesen wird, der auf eine Sichtweise der Regression hindeutet, die die persönliche Autonomie von Menschen, die sadomasochistische sexuelle Handlungen vollziehen, völlig zu missachten scheint, nur weil sie in sadomasochistische sexuelle Handlungen verwickelt waren.